社会シミュレーション
世界を「見える化」する

横幹〈知の統合〉シリーズ
編集委員会 編

東京電機大学出版局

横幹〈知の統合〉シリーズの刊行によせて

　〈知の統合〉は，分野を横断する科学技術を軸に，広範囲の学術分野が連携して，人間・社会の課題に取り組んでいこうとする活動のキーワードです．横断型基幹科学技術研究団体連合（略称：横幹連合）の主要な活動を表すキーワードでもあります．

　横幹連合は，文理にわたる学会の連合体です．そこでの活動では，「横断型の基幹科学技術とは何か」，「どのような課題に向けて取り組んでいこうというのか」，「どのようにして課題解決をはかろうというのか」が問題となります．この三つをつなぐキーワードが〈知の統合〉です．

　「知」は科学技術という形で積み上げられ，それぞれの個別分野を形作り，それぞれが対応する人間・社会の課題を解決してきました．では，現代の人間・社会における課題に取り組むとき，なぜ〈知の統合〉がキーワードとなるのでしょうか．これが，本シリーズのテーマです．

　科学技術では，それぞれの分野が対象とする守備範囲が，時代を経て，だんだん小さいものになっています．いわゆる科学技術の細分化です．これは，個別の科学技術の深化にともなっての成り行きです．一方，個別の科学技術が関わらなければならないそれぞれの問題の範囲は，だんだん大きくなっています．人間・社会での課題が複雑化し，いろいろな問題が相互に関連し始めた結果です．

　個別の科学のほうの対象範囲がだんだん小さくなって，一方で扱うべき問題の範囲がだんだん大きくなって，どこかで交差して，対応すべき個別科学が破綻をして，そして，科学の再構築が行われてきました．これが，歴史上の「科学革命」です．

　17世紀の第一の科学革命では，物理，化学（の原型）が，対象としていた自

然現象を説明しきれなくなって破綻して，数学の力を借りた科学の再構造化という革命をもたらしました．19世紀の第二の科学革命では，それまでは"術"であった工学や生産の科学がものの加工，すなわち物質の変化を説明できなくなり，また，破綻しました．20世紀の第三の革命では，広い意味での経営や最適化，すなわちシステムを扱う科学技術が実社会の動きの仕組みを説明できなくなり破綻して，革命をもたらし，情報を軸にした新しい科学を生み出しました．

おそらく21世紀では，環境問題も含めて，人間の生活に伴う，一見ばらばらに見えるあまりに多様な諸問題を，多様な科学が個別に対応しようとし，そして破綻を迎えつつあるように思えます．それに対抗するには，幅広いさまざまな分野が，その垣根を越えて横に手を結ぶということが重要です．しかし，そこでは，手を結ぶことによって協働で共通課題を解決するということ以上のものを志向することが大切です．

すなわち，科学技術を寄せ集めても本質的な解決には至らないからです．ここに，課題解決型の活動の落とし穴があるように思えます．多様な諸問題の根底にあるものを見据えるための科学の創生が必要なのです．それは，細分化された知を統合する「新しい知の創生」，すなわち，「統合知」の創生です．

それとともに，「知を利用するための知」の確立と整備も併せて志向することが重要です．

やがて，人間・社会・環境を扱う科学（技術）にとって，第四の科学革命が必然になります．そこでの科学技術の再構築を担うのは，この「知を利用する知」としての機能を内包する科学を基盤とした，人間や社会の課題の根底を見通すための〈知の統合〉です．

本シリーズでは，それぞれ，現代の人間・社会の課題を見据えたうえでの，〈知の統合〉のあり方を具体的に論じます．本シリーズを通して，身近な科学技術が現代の人間・社会の新しい問題に対応して，21世紀の今後どのように展開していくのかを，読み取っていただければ幸いです．

横断型基幹科学技術研究団体連合

第3代会長　出口光一郎

はじめに

複雑化する世界とシミュレーション

　2011年3月11日午後，未曾有の災害が東日本を襲った．東日本大震災の被害を大きくしたのは，それが，巨大地震，巨大津波，原発事故の連鎖による複合災害となったからでもあった．しかも，被災した方々への支援，被災地の復興，そして日本全体の再興に向けては，純粋に自然科学的な因子から社会意識や共同性など一般的な合理性だけでは計れない諸要素までが渾然一体となった複雑な社会問題の系を解決していかなければならない．そのために，関連するあらゆる学問領域が連携して対応することが，喫緊の課題として要請された．

　大震災に限らず，現代の学問が直面しているのは，「多様な要素が複雑に絡み合った問題系をいかに解決するか」という問いである．しかも，「多様な要素」の相互作用は重層的な構造（図1）をしている．そのため，一面的な分析では予測不可能なカタストロフ（破局）が，突如として発現することもある．環境問題もグローバリゼーション問題もこうした相のもとで検討しなければ，解決へ

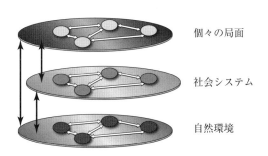

図1　社会の諸問題の構造

の光が見えない．それどころか危険ですらある．ドイツの社会学者ウルリッヒ・ベック（U. Beck）の「リスク社会」論は，現代社会のこのような特性を指摘したものであった．

現代科学がこのような問題に立ち向かおうとするならば，既存のディシプリン（専門特化した研究領域）に閉じこもることなく，多様な知を柔軟に組み合わせて考える必要がある．けれども，ディシプリンを超えるということは，言うのは簡単だが，実行するのはきわめて困難である．なぜなら，専門分野の異なる研究者たちがある特定の事柄について議論しようとするとき，まず驚くのは，「言葉が通じない」ということなのである．同じ用語であっても，分野によって，定義や文脈が異なり，まるでバベルの人々のように，異分野間ではコミュニケーション自体が困難なのである．その理由について，数理生物学者であるA・ラパポート（A. Rapoport）は，次のように述べている．

> われわれの経験は大部分は思考活動に関する経験であり，思考活動は，もっとも広義における言語によって，すなわち諸観念が組織化されるという仕方で練り合わされているものである．そしてこの観念の組織化は，われわれが所属しているそれぞれの専門学科によって，また各々異なった（組織づけの）やりかたが課せられてくるわけである．つまり専門学科（ディシプリン）（＝したがってそこでの規律的訓練（ディシプリン））は強制を意味するものである．…〈専門学科（＝規律的訓練）〉は，思考の様式に関して強制を意味する．それは，そこで用いられる諸概念のレパートリィ，分類の型（パターン），明証性に関する諸規則，論議の進め方のエチケット…などを規定しているのである [1]．

この壁を乗り越えるためのツールとして，従来から，個別ディシプリンから独立した統計的方法，数理的方法が使われてきたが，近年は「シミュレーション」に大きな期待がかけられている．

シミュレーションの可能性

「シミュレーション」と一口に言っても，さまざまな「シミュレーション」がある．

「シミュレーション」とは，対象を何らかの方法で動的モデル化し，このモデルを操作したり，観察したりすることによって，そのダイナミズムをより深く理解したり，あるいは異なる条件下での振る舞いを予測しようとするものである．

近年，シミュレーションに注目が集まるのは，コンピュータ科学の驚異的な進歩によって，シミュレーション・モデルの構築や，操作や，モデルの振る舞いの観察が，きわめてわかりやすく可視化されるようになったこと，マルチエージェント・シミュレーションというボトムアップ的なモデリングが可能になったこと，仮想現実技術の発展によってシミュレーションが創り出す現実を仮想的に体験することができるようになったことなどが挙げられる．

その結果，単にシミュレーションの精度が上がるというだけでなく，さまざまに異なるディシプリンの間でも，シミュレーションを共通の〈言葉〉として用いることができると期待されているのである．

これまで，〈社会〉を解明することに，自然科学的な方法論は必ずしも有効ではないと考えられてきた．言葉を換えれば，人間たちによって構成される〈社会〉は，物理的な実体によって構成される〈自然〉とは，まったく別途に論じられてきた．しかし，冒頭にも述べたように，実際には，人間たちも物理的環境の一部であり，また，技術的人工物も人間の意識や文化の中から生まれてきたものである．したがって，現実の問題に対応するには，社会科学と自然科学が統合的に関与する必要がある．これまで難しかった文理の橋渡しをするうえで，シミュレーションは大きな可能性を開花させつつある．

本書の構成

本書は，このようなシミュレーションを〈社会〉の問題に適用する多様な論文から構成されている．

第1章「「持続可能な社会」をシミュレーションする——「共有地の悲劇」をめぐる規範と信頼」（遠藤薫）は，「環境問題」をひとつの核として，「持続可能な社会」を求めるシミュレーショニスト（シミュレーションを方法論として用いる研究者）たちの試みを紹介し，「シミュレーション」の多様さと面白さを提示する．

第2章「エージェント・ベース・モデリングの楽しさと難しさ」(寺野隆雄)は,社会シミュレーションが,コンピュータを利用して社会現象に潜む原理や原則を知るとともに,社会の仕組みをよりよく設計するための手段となりうることを明らかにする.

第3章「データ分析を社会のシミュレーションに利用する」(佐藤彰洋)は,社会シミュレーションを行うにあたり,データ分析をどのように利用するかについて,シミュレーションの目的,および可能性について事例を交えて解説する.

第4章「ソーシャルメディアにおける情報拡散——どのようにしてデマ情報は蔓延し,収束するのか」(栗原聡)は,ネットメディアにおける情報拡散のメカニズムを明らかにする取り組みについて紹介する.さらに拡散を抑制する対処法についても簡単に紹介する.

第5章「人工社会が予測する都市の動態」(倉橋節也)では,エージェント技術を社会科学的アプローチとして用い,都市の問題を社会シミュレーションで扱った事例をいくつか紹介する.

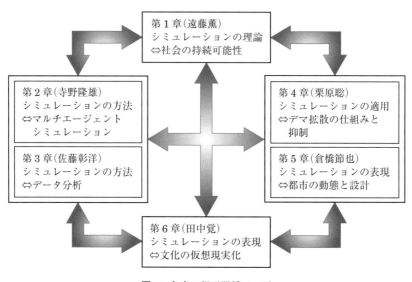

図2　各章の相互関係マップ

第6章「シミュレーション技術を応用した3次元文化財の透視可視化」(田中覚)のテーマは「可視化」である．とくに，歴史的建造物や伝統的祭りの山車などの3次元文化財，すなわち立体構造を有する文化財を，コンピュータが作る仮想空間内でわかりやすく見せる技術を解説する．

各章の相互関係マップ

これらの各章は，それぞれに独自の視点から「社会シミュレーション」について論じている．しかし，それらは決してそれぞれが孤立したものではなく，相互に関連し合い，有機的につながって，全体として，「社会シミュレーション」を総合的に描き出すものとなっている．これがまさに，「横断型基盤科学研究」の醍醐味である．

各章相互の関係をマップ化すると図2のようになる．この地図を片手に，興味を持ったところから「社会シミュレーション」をめぐる冒険の旅に出ていただければ幸いである．

2017年7月

横幹〈知の統合〉シリーズ編集委員会

委員長　遠藤　薫

目　次

第1章　「持続可能な社会」をシミュレーションする
　　　　　——「共有地の悲劇」をめぐる規範と信頼 ……………… 遠藤　薫

1. はじめに　*1*
2. 先駆けとしてのローマクラブ・シミュレーション『成長の限界』　*2*
3. 「共有地の悲劇」を考える　*3*
4. 規範と信頼　*8*
5. 支配と互助　*13*
6. おわりに　*14*

第2章　エージェント・ベース・モデリングの楽しさと難しさ
　　　　　……………………………………………………………… 寺野　隆雄

1. 社会現象をコンピュータで扱うこと　*17*
2. エージェント・ベース・モデリングの考え方　*19*
3. 社会シミュレーションの背景と歴史　*21*
4. エージェント・ベース・モデリングの楽しさ　*26*
5. エージェント・ベース・モデリングの難しさ　*28*
6. おわりに　*30*

第3章　データ分析を社会のシミュレーションに利用する
　　　　　……………………………………………………………… 佐藤　彰洋

1. はじめに　*33*

2. 社会のモデルの2面性　*35*

3. 社会のデータの集め方とシミュレーションの進め方　*38*

4. 社会のシミュレーションを行うための準備としてのデータ分析　*41*

5. まとめ　*48*

第4章　ソーシャルメディアにおける情報拡散
　　　　――どのようにしてデマ情報は蔓延し，収束するのか… 栗原　聡

1. はじめに　*49*

2. インフルエンザの流行とデマの拡散　*51*

3. SIR モデル　*52*

4. 病気の感染と情報の拡散との違い　*53*

5. Twitter での情報拡散　*54*

6. デマとデマ訂正情報の収集　*57*

7. シミュレーションによる再現実験　*60*

8. 情報拡散の防止はできるのか？　*64*

9. さいごに　*66*

第5章　人工社会が予測する都市の動態 ……………………… 倉橋　節也

1. はじめに　*69*

2. 分居モデル　*70*

3. 賑わいが街を変える　*76*

4. まとめ　*82*

第6章　シミュレーション技術を応用した3次元文化財の透視可視化
　　　……………………………………………………… 田中　覚

1. 3次元文化財のデジタル保存　*83*

2. 半透明物体のシミュレーションと透視可視化　*85*

3. 透視可視化の事例紹介　*89*

4. 3次元計測に基づく仮想都市空間の構築と社会シミュレーション　*95*

あとがき……………………………………………………… 96
注　　　…………………………………………………… 98
参考文献…………………………………………………… 100
索　　引…………………………………………………… 106
編著者紹介………………………………………………… 110

第 *1* 章

「持続可能な社会」をシミュレーションする
──「共有地の悲劇」をめぐる規範と信頼

遠藤 薫

1. はじめに

　「社会をシミュレーションする」意義は，一言でいえば，未来へ向かうシナリオを構想して，いま必要とされる政策を考えることである．

　2016年11月4日，2020年以降の地球温暖化対策の国際的枠組みである「パリ協定」が発効した．

> 　「今，人類は初めて温暖化対策で正しい方向に進み始めた．ただ，スピードアップが必要だ」．3日，ロンドンで各国の削減目標の効果をまとめた報告書を発表した国連環境計画（UNEP）のソルハイム事務局長は訴えた．パリ協定は今世紀後半に温室効果ガスの排出を実質ゼロにすることを目指している．各国は達成に向けてすでに動き出している．だが，報告書は各国の削減目標はまだ足りず，2030年にあと25％の排出削減が必要だと指摘した．（『朝日新聞』2016年11月4日朝刊）

　近代以降，人類は生活の便利さ，豊かさを目指して，さまざまな産業技術を発展させてきた．しかし，人類の「幸福の追求」は，その背後で，地球を破滅させかねないリスクを増大させていた．温暖化問題などの環境問題もそ

のひとつである.

　本章では,「環境問題」をひとつの核として,「持続可能な社会」を求める
シミュレーショニストたちの試みを紹介し,「シミュレーション」の多様さ
と面白さを理解していただく一助としたいと思う.

2. 先駆けとしてのローマクラブ・シミュレーション『成長の限界』

　環境問題に警鐘を鳴らした先駆けとして知られるのが,1972 年に発表さ
れたローマクラブによるシミュレーション結果『成長の限界』である.

　ローマクラブの「世界モデルは,世界的関心事である五つの大きな傾向
——加速度的に進みつつある工業化,急速な人口増加,広範に広がっている
栄養不足,天然資源の枯渇,および環境の悪化——を分析するために,とく
につくられている.これらの傾向はいろいろな形ですべてが相互に連関して
おり,その動向は,月または年単位よりも,一〇年または一〇〇年単位では
かられている」[1].システム・ダイナミクスと呼ばれる手法を用いてつくら
れたこのシミュレーション・モデルによって,彼らは「世界人口,工業化,
汚染,食糧生産,および資源の使用の現在の成長率が不変のまま続くなら,
一〇〇年以内に地球上の成長は限界点に到達するであろう.もっとも起こる
見込みの強い結末は人口と工業力のかなり突然の,制御不可能な減少であろ
う」[1]（訳書 p. 11）との結論を導き出した.

　システム・ダイナミクスとは,「いかなるシステムもその構造——構成要
素間の多くの循環的で,からみあった,ときに時間遅れを含んだ関係——は,
システムの行動を決定する上で,しばしば,個々の構成要素自体とまったく
同様に重要である」[1]（訳書 pp. 18-19）という認識にたっている.そして
この関係（フィードバックループ）を,図 1-1 のように表現し,全体をその
組み合わせとしてシミュレーション・モデル化するのである.

　ローマクラブは,30 年後の現在もその活動を継続している.最新作の『成
長の限界　人類の選択』[2]では,最新のデータをもとに,持続可能な社会へ
の移行を模索している.

第 1 章　「持続可能な社会」をシミュレーションする

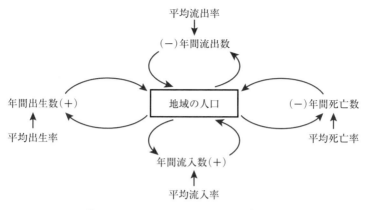

図 1-1 システム・ダイナミクスの表現例

3. 「共有地の悲劇」を考える

〔1〕「共有地の悲劇」と個人の利益

「持続可能な社会」を考えるとき，よく例に挙げられるモデルがある．「共有地の悲劇」と呼ばれる一種の思考実験である．1968 年にアメリカの生物学者ギャレット・ハーディン（Garrett Hardin）が発表した論文[3]で提示したもので，簡単に言うと，次のようなものである．

> ある村で，人々は共有地でひつじの放牧を行い，平和に暮らしていた．ところがあるとき，頭の働く村人が，自分の飼育するひつじの数を増やしてみようと考えた．その結果，思惑通り，彼は以前より多くの利益を得ることができた．それを見ていた他の村人たちは，自分たちも同様の利益を得ようとひつじの数を増やした．こうして共有地で飼育されるひつじの数は次第に増えていき，人々の生活は豊かになっていった．何もかもがうまくいっているように見えた．しかし，ある時点を境に，共有地の牧草が食い尽くされ，飼料が足りなくなったひつじたちは生きることができなくなってしまった．村人たちは，個々の利益を最大化することだけでなく，全体のために自己の利益追求を抑制する必要があった．

しかし，他人だけが得して，自分が損をすることを恐れる気持ちが，村全体にとって最悪の結果をもたらしたのだった．

　人類は，「地球」という名の共有地からさまざまな恩恵を受けながら生きている．しかし，地球が提供できる恩恵には限りがある．恩恵の源である環境があるレベル以上に破壊されたら，二度とわれわれは自然の恵みをあてにできなくなるのである．

　このモデルは，環境問題だけではなく，さまざまな現実の様相を映し出す鏡である．

　最近では，トランプ米大統領のツイートが，まさに「共有地の悲劇」そのものだともいわれている．2016年12月26日，トランプ氏は次のようなツイートを投稿した（図1-2）：「核兵器について世界がまともに考えるようになるまで，米国は核能力を強化し，拡大しなければならない」．つまり，世界の国々が，自国の軍事パワーを縮小すれば世界全体の核戦争のリスクは減少するが，自国が他国から攻撃されるリスクは増大する．したがって，自国の利益を第一に考えるなら，たとえ核装備拡大競争が全世界の滅亡につながりかねないとしても，自国の核能力を拡大するのが最善の策である，という論理である．

　これは，個々の国が自国の安全を高めようと突き進めば，最終的には全体（共有地）の安全を後戻りできないところまで消費してしまうという，まさに「共有地の悲劇」なのである．

図 1-2　トランプ氏のツイート（出典：[4]，2017.3.21 20：38 最終閲覧）

〔2〕 「共有地の悲劇」と「囚人のジレンマ」

「共有地の悲劇」モデルは，「囚人のジレンマ」ゲームの一種として検討されることが多い.

「囚人のジレンマ」ゲームとは，こんなモデルである.

　　　A，Bという2人の悪党が共謀して銀行強盗を働いた. 警察は2人を逮捕したが，2人が自白しないために犯罪を立証できない. そこで，警察は2人を隔離した状態で，それぞれにこんな提案をした.

　　　「もし君が黙秘を続け，もう1人が白状したなら，君は重罪となり，もう1人は微罪となるだろう. もし君が白状し，もう1人が黙秘を続けたら，君は微罪となり，もう1人は重罪となる. もし2人とも自白すれば，2人ともそれなりの罪になる. どうだね？」

この提案を，「利得表」という形式で表現したのが，表1-1である.

さて，警察の提案に対して，2人の囚人はどう振る舞うだろうか？　Aは，黙秘を続ければ，Bが裏切った場合，重罪となる. 自白すれば，Bが裏切っても並の罪ですむ. とすれば，Aは，Bがどちらの戦略をとっても最悪の結果（重罪）に陥らないようにするには，「自白（裏切り）」を選ぶのが最善である. 同じことはBについてもあてはまるので，2人はともに「自白（裏切り）」を選び，結果的に警察の思惑どおり彼らの犯罪が立証されてしまうのである. もし彼らが，「相手が裏切るのではないか」という疑念を抱かず，暗黙に協力し合って黙秘を続けていれば，無罪でいられたのに……という構造である.

表1-1　囚人のジレンマ

B の戦略 / A の戦略	黙秘（協力）	自白（裏切り）
黙秘（協力）	無罪，無罪	重罪，微罪
自白（裏切り）	微罪，重罪	並の罪，並の罪

これは1対1のゲームであり，共有地の悲劇とは少し違うのではないかと思われる人もいるかもしれないが，核心の部分は表現されているだろう．

それでもやっぱり違うと思うひとのために，トーマス・シェリング（Thomas C. Schelling）は，「多人数囚人のジレンマ」を提案している[5]（訳書 p. 252）.

〔3〕 タカ・ハトゲーム──協力の進化

前述の「囚人のジレンマ」では，プレイヤーたちは，1回こっきりの相手との出会いで，自分が損をしないための戦略を考えている．

しかし，生物が何らかの選択や判断をするとき，その選択の結果によって，その生物種の繁殖率が変化することが考えられる．生物進化学者であるジョン・メイナード-スミス（John Maynard Smith）のタカ・ハトモデルは，選択が集団の中での生物種の割合の変化にどのような影響を及ぼすかを以下のようにモデル化したものである[6].

　　動物たちは，しばしば食物や異性をめぐって対立する．対立が起こったとき，あくまで力で相手を打ち負かそうとする戦略を「タカ戦略」，最初示威行動をするが相手が攻撃してくるとあっさり逃げ出す戦略を「ハト戦略」とする．戦って勝てば獲物（V の利得）を得られるが，負ければ怪我をするなどの損失（C）を被る．タカ同士が衝突した場合，実力に差がなければ，$1/2$ の確率で V だけ得られ $1/2$ の確率で C だけ失うので，平均の利得は $E(H, H) = (V - C)/2$ である．タカがハトに出会うと必勝なので利得は $E(H, D) = V$，逆にタカに会ったハトは逃げるので $E(D, H) = 0$ だが，どちらも怪我をせずにする．ハト同士だと勝率 $1/2$ とすれば，$E(D, D) = V/2$ であるこの関係を利得表のかたちで表したのが表 1-2 である．

この利得表から，少数派の方が有利であることがわかる．たとえば，相手がタカばかりだったら（勝利で得られるものより，怪我のコストの方が大きいとするなら），ハト戦略の期待利得の方が大きい．反対に相手がハトばか

表1-2 タカ・ハトゲームの利得表

		相手が	
		タカ（H）	ハト（D）
自分が	タカ（H）	$\dfrac{V-C}{2}$	V
	ハト（D）	0	$\dfrac{V}{2}$

りだったら，タカ戦略をとった方が（相手は戦わないのだから）2倍の利得を得られる．

　ここで，この利得を「ダーウィンの適応度」（その個体が生物種として繁殖する能力の指標）の増分として理解し，無限集団で，各個体がHかDの戦略をとり，ランダムに対になって対戦を繰り返している状況を考える．

- p ＝集団中のH戦略者の割合
- $W(H)$，$W(D)$＝それぞれH，D戦略者の適応度
- $E(X, Y)$＝X戦略者がY戦略者を相手に闘争したときの利得

とすると，各個体が1回の対戦を行った後での適応度は

$$\left. \begin{array}{l} W(H)=W_0+pE(H,\ H)+(1-p)E(H,\ D) \\ W(D)=W_0+pE(D,\ H)+(1-p)E(D,\ D) \end{array} \right\} \tag{2.1}$$

　ここで，各個体は自分と同じ戦略をとる子どもを自分の適応度に比例して無性的に生むとすると，次世代のタカ戦略者の割合p'は，次のように表せる：

$$p'=pW(H)/\overline{W} \tag{2.2}$$

ただし，

$$\overline{W}=pW(H)+(1-p)W(D)$$

　具体的な数値（表1-3）を入れて計算し，グラフにすると，図1-3のようになる．

　p，V，Cの初期値の違いによって，タカ戦略者の割合（p）の変化の状況が大きく異なることがわかる．

表 1-3 実行例（数値の初期値一覧）

trial	W_0	p	V	C
a	1	0.1	2	1
b	1	0.1	2	2
c	1	0.1	2	3
d	1	0.5	2	1
e	1	0.5	2	2
f	1	0.5	2	3
g	1	0.9	2	1
h	1	0.9	2	2
i	1	0.9	2	3
j	1	0.999	2	3

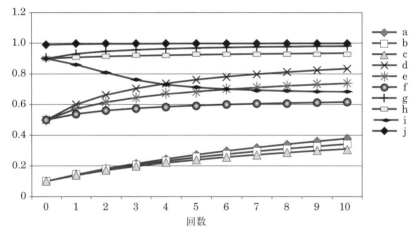

図 1-3　実行例におけるタカ戦略者の割合 (p) の変化

4. 規範と信頼

[1] アクセルロッドによる協調の進化

　メイナード・スミスとは異なるアプローチで，反復して行われる囚人のジレンマゲームにおいて，協調関係が進化する過程について研究を行ったのが，ロバート・アクセルロッド（Robert M. Axelrod）である [7]．

協調関係が進化する過程を促進する最善の戦略を検討するために，彼は，1回の対戦ごとに協調か非協調（裏切り）かを選ぶ決定規則（「いつも協調」とか，「いつも非協調」などさまざまな規則）をコンピュータ・プログラムのかたちで作成し，プログラム同士を総当たりのリーグ戦で戦わせた．その結果，アナトール・ラパポート（Anatol Rapoport）が提出したしっぺ返し（TIT FOR TAT）プログラム，すなわち，第1手は協調戦略を選ぶが，それ以後は前回に相手が選んだと同じ手を使う（もっと簡単に言えば，最初は協調戦略をとるが，相手がそれを裏切ったら，こちらも裏切り戦略をとる）というプログラムが優勝をおさめた．彼はこの結果から，それぞれの対戦者に対して一連のゲームを十分長く反復する場合に，しっぺ返しが他のいかなる戦略の侵入に対しても安定であることを証明した．

　彼によれば，相互利益的な効果によって協調が進化するための条件は，次のようである：

① 同じ個体同士で繰り返しゲームが行われること

② 対戦者同士は，相手の裏切りに対して仕返しできること

③ 個体識別が可能であるか，あるいは対戦者がきわめて限定されていること

　しかしながら，彼の著書[7]でやや違和感があるのは，彼がここからあたかも，しっぺ返しが個人の選択として有効であるとか，また，社会内の協調関係を促進するために有効であるとかいった，社会行動に関する規範的な結論を導き出している点である．これは，前提となる仮定から考えて，おかしなことといわざるを得ない．しっぺ返しが「強い」戦略であるということと，それが「望ましい」選択であるということとは何の関係もない．「強い戦略」は，ほうっておいても広まるものである．現実には，「しっぺ返し」によっても完全な協調が存在してはいない．この矛盾を追求することの方が，社会学的にはより重要な問題なのである．このあたりは，シミュレーションを行ううえで留意しなければならない点である．

〔2〕 「信頼」という基盤

　ここまで紹介してきたシミュレーションは，すべてコンピュータを用いたものだった．もちろん，今日のように驚異的な性能を備えたコンピュータを一般人でさえ日常的に使える時代だからこそ，シミュレーションという方法論のパワーもまた格段に上昇したのである．

　とはいうものの，コンピュータ・シミュレーションでは，個人の行動を外部的に与えて，それらが条件に応じてとる定型的行動を集積することで，集団の協調行動の進化を再現することがメインである．

　しかし，現実の人間は「囚人のジレンマ（共有地の悲劇）」状況に遭遇したとき，ひとりひとりの世界観によって，協調行動をとったり，非協調行動をとったりするのではないだろうか．

　たとえば，先に挙げたように，トランプ第45代アメリカ大統領は核軍縮に対して非協調的な態度であるが，第44代のオバマ大統領は，就任早々のプラハ演説で核廃絶を強く訴えた．同じような立場でも，人によって「囚人のジレンマ」に対する態度は大きく異なるのである．

　日常的な場面でも，たとえばボランティア活動などに積極的な人と，消極的な人がいたりする．

　とすれば，多様な個性を持った人間たちの行動を模擬するには，人間そのものによる「シミュレーション」も考慮すべき方法論となるだろう．

　社会心理学者の山岸俊男は，個人が抱く「一般的信頼」が「囚人のジレンマ」状況における態度の違いに大きく関わっているのではないかとの仮説を立てた[8]．「一般的信頼」とは，「初対面の人に出会ったとき，その人に対してとりあえずどの程度の信頼を与えるか，そのデフォルト値」[9]（p. 165）である．具体的には，「①ほとんどの人は基本的に正直である，②私は人を信頼するほうだ，③ほとんどの人は基本的に善良で親切だ，④ほとんどの人は他人を信頼している，⑤ほとんどの人は信用できる，という5つの質問に対して，「まったくそう思わない」（一点）から，「ひじょうにそう思う」（七点）までの七段階で答えた回答の平均値」[9]（p. 166）を，その回答者の「一般的信頼」のデフォルト値であるとする．

10　第1章　「持続可能な社会」をシミュレーションする

「一般的信頼」に関する質問調査に回答してもらった人々に対して，山岸は「囚人のジレンマ」の心理学的実験を行った．この実験では，ランダムに選ばれた 2 人ずつを組にして「囚人のジレンマ」ゲームをしてもらい，相手がどの手を選んだかに関する推測を答えてもらうのである．

　その結果，「実験における相手の行動予測の的中度と，その人の持っている一般的信頼のデフォルト値との相関関係は，驚くほどの一致ぶり」だったと山岸は報告している [9]（p. 167）．つまり，一見「お人好し」のようにも思われる「一般的信頼」の高さは，実は他者に対する柔軟性を意味し，相手が信頼に足らないことをすればただちに態度を変えるセンシティビティの高さを意味すると，山岸は指摘している．反対に「一般的信頼」が低い人は，他者に対して最初からネガティブな評価を下しているため，他者の実際の行動に対しても興味を持たない．そのために，他者の行動について的確な予測はできない，と山岸は解釈している．

　初対面の人には，まずオープンに接してみることが，正確な状況判断，そして自分の利得につながる，という興味深い知見である．

〔3〕　ゲーミング・シミュレーションによる協調行動の観察

　前項では，個人を「一般的信頼」という指標によって表現し，「一般的信頼」と「協調行動」との関係を検討した．これは，社会心理学の研究方法の主流ともいえる「実験室実験」によるものである．

　しかし，同じように，「生身の人間」によるシミュレーションとして，「ゲーミング（ゲーム）・シミュレーション」という方法論もある．これは，「現実の何らかの側面を模倣（シミュレート）した仮想的空間で，複数のプレーヤーがそれぞれの目標を達成するために競争や協同のゲーミングを行う」[10]ものである．社会心理学者の広瀬幸雄が作成した仮想世界ゲーム（SIMINSOC；Simulated International Society）は，「世界における南北地域間の葛藤と協調のプロセスをシミュレートしており，飢餓から環境汚染までさまざまな地球規模のリスク問題が単純なかたちで組み込」[11]（p. ⅲ）まれている．

　このゲームには，「社会的ジレンマ（囚人のジレンマ）」状況も，次のよう

4. 規範と信頼　　*11*

なかたちで組み込まれている.

　環境浄化寄金を多く集めれば,環境汚染リスクを下げることができる.しかし,寄金を払ったプレーヤーはその分資産が減るだけである.他の人が環境浄化寄金を払ってくれるなら,自分は払わない方が損をしないですむ.だが,もし,みなが自分は損をしたくないと考えて,誰も環境浄化寄金を払わなければ,環境汚染リスクは上昇するばかりである[11](p. 99).

実際にゲームを行ってみると,①全体的に見れば,はじめは寄金をしようという意図は低かったが,ゲームが進行するとともに意図が高まっていった,②豊かな地域の方が寄金意図が高い,③環境浄化寄金意図を規定する要因としては,「危機認知」と「対処有効性負担の衡平感全体への同調」の影響度が高かった(図1-4),④共益への関心が高まるほど,寄金意図も高くなる,⑤負担感が強いと寄金意図が低くなる,みんなが寄金をするなら自分も寄金するという他者への同調傾向が高いほど,寄金意図は高い,といった結果が得られた[11](pp. 107-108).

筆者も実験を見学させていただいたことがあるが,ゲーミング・シミュレーションは時として「相転移」的な展開を見せ,人間社会の隠れた特性を提示してくれる.

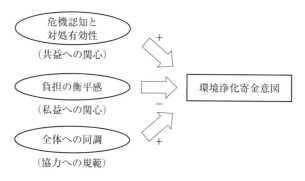

図 1-4　環境浄化寄金意図の規定因(出典：[11] p. 108)

5. 支配と互助

〔1〕 支配の力

第4節までは，社会を持続可能とするための協力関係が，どのように"自然に"生まれてくるかを問題にしてきた．

いまある現実の社会においては，人々は一般的には「国家」という枠組みの中で暮らしている．「国家」は，近代という時代によって生み出されたとされる．しかし，より緩やかな「権力組織」（特定の主体が，メンバーに対して強制力を発揮すると同時に，外部からの攻撃からメンバーを守る（あるいはともに外部に対抗する）ような組織）は，有史以来，存在したと考えられる（歴史の残っていない時代についてはわからない）．

このような権力組織は，どのようにして発生し，拡大するのだろうか？

先にも紹介したアクセルロッドは，別の論文[12]で，「貢ぎ物モデル」を提案している．モデルは，一直線上に配置された10のアクターから成る．各アクターには当初の富が与えられている．モデルの基本サイクルは1年で，各年に，3個のアクターが1個ずつランダムに選ばれてアクティブになる．アクティブなアクターAは，ほかのアクターの1つ，Bに貢ぎ物を要求する．標的とされたBは，要求者に貢ぎ物を支払うか，それとも戦うかを選択する．Bが支払いに応じることを選択した場合，富は直接BからAに移る．Aに移される富の額は，Bが250以上持っていれば250，持っていなければBが所有する全額が移される．この富の移転は，Bが戦いを避けるためにAに支払う貢ぎ物ということになる．Bが支払うより戦いを選ぶ場合，両者とも相手の富の25%に等しい額を失う．

シミュレーションを実行すると，「貢ぎ物のモデルは，単純で局所的な規則を使って，基本的なアクターからより高レベルの組織を生み出すことが可能であるという，存在証明となっている．ことに，「支払うか，否か」のダイナミクスとコミットメントを増減させるメカニズムの組み合わせで導き出されるアクターのクラスターは，独立した政治国家についての基準にほぼ従う行動をとる」[12]（訳書 pp. 186-187）とアクセルロッドは述べている．

〔2〕 権力組織とフラットな互助関係

実は筆者[13]も,「支配の生成」をエージェントベースで「上納金モデル」としてシミュレーションした. その結果, 階層型の支配構造が単純なルールから生成され, 全体の富 (持続可能性) は格段に増えることが明らかになった.

それと同時に,「支配組織」のような階層型ではなく,「互助組織」のような水平型の構造を創り出す「会費制モデル」のシミュレーションも行った. その結果,「互助組織」が生成され, やはり, 持続可能性は大きく高まった.

では, 同じシミュレーション空間において,「上納金モデル」と,「会費制モデル」を同時に作動させたらどうなるか. 遠藤[13]によれば, 多くの場合, 支配組織と互助組織のいずれもが生成され, 空間内に混在することになるが, 支配組織の勢力の方が大きくなる傾向がある. しかし, 支配組織単独の場合より, わずかでも互助組織が併存している方が, 全体としての「持続可能性」は高くなる傾向が見られた.

この結果は, 現実に照らして, 示唆に富んだものといえないだろうか.

6. おわりに

本章では,「共有地の悲劇」を回避し, 持続可能な社会を目指すためのヒントとなるシミュレーションの先行研究を紹介してきた.

筆者の専門分野は社会学である. 社会学とシミュレーションは関係が薄いと思われるかもしれない. かつて, 知識社会学の提唱者であるカール・マンハイム (Karl Mannheim, 1893 – 1947) は, 社会学とは社会診断の学であると主張した.「診断」とは, 過去および現在の状況を正確に理解するだけでなく, 未来に向けての対応をも提案するものである, というのがマンハイムの主張であった. 社会の過去・現在・未来を, 客観的かつ動的に捉えるために,「シミュレーション」という方法論はまさにうってつけといえる.

このことは, コンピュータが実用化されてすぐに社会学でも認識されていた. 社会学者・清水幾太郎 (1907 – 1988) は, 1965 年に, 当時の欧米の

シミュレーション研究の翻訳アンソロジー『社会科学におけるシミュレーション』[14] を編んでいる．ここに含まれている諸論文は，いまも新鮮である．

また本章で問題の核としてきた「共有地の悲劇」問題，言い換えれば「利己的な個人たちがいかにして「社会」を形成しうるのか」という問題は，17 世紀における国家論の白眉とされる『リヴァイアサン』を書いたトマス・ホッブズ（Thomas Hobbes，1588-1679）以来，「社会学の根本問題」とされてきたものである．

先にも述べたが，「シミュレーション」は必ずしもコンピュータの利用を前提とはしない．しかし，コンピュータを使うことによって，シミュレーションの性能が大きく向上したことも事実である．実験心理学やゲーミング・シミュレーションでも，データを高速に処理することで，これまで以上に興味深い結果が得られる．本章では触れなかったが，インターネット（あるいはIoT：Internet of Things（モノのインターネット））やビッグデータの利用，また仮想現実（VR）や拡張現実（AR）技術の発展は，さらにシミュレーションの力を拡大することだろう．

本章では，重要なシミュレーション研究のほんのとば口しか紹介していない．ここで興味を持ってくださった読者は，ぜひ，原論文（著書）を読んでいただきたい．そこにはさらに衝撃的な発見が詰まっているはずである．

第2章

エージェント・ベース・モデリングの
楽しさと難しさ

寺野 隆雄

1. 社会現象をコンピュータで扱うこと

〔1〕社会現象とシミュレーション

　従来の社会現象の研究において，典型的な手法は，歴史的な事実に注目して文献を調査するという事例分析による接近法か，もしくは，対象をモデル化し数理的・統計的に扱う接近法が中心であった．たとえば，物理学と統計的な分析法を金融の問題に適用したものが金融工学である．したがって，金融工学では，自然界に存在する物理的現象と同様に，市場は所与のものと仮定されている．しかし，この仮定は一般に成立しない．市場は，それを構成する個々の人間の意思と行動に基づいて構成されるものであり，また，市場での取引きの法則は，自然現象とは異なり，市場を構成する人間の意思によって設計されるものだからである．

　一方，科学研究の成果は，他の研究者たちに理解可能なかたちで伝達されること，かつ実験を伴うものであればそれが再現できることが要請される．しかし，社会現象や社会問題においては，このような要請に応えることは難しい．そこで，社会システムの分析・設計に伴う困難を克服する手段として，シミュレーションの方法が重要となる．工学分野の設計問題においてシミュ

1. 社会現象をコンピュータで扱うこと　*17*

レーションという技法の果たす役割は非常に大きい．ありえないケースが考慮できる，精度が格段に上がるなど利点はいくつも挙げることができる．

同様に，社会シミュレーションは，コンピュータを利用して社会現象に潜む原理や原則を知るとともに，社会の仕組みをよりよく設計するための手段となりうる [1][2]．

〔2〕 人工物としての社会現象

社会組織も建造物も人工物である以上，意図したにせよせざるにせよ，我々がデザインしたことになる．こうしてできたモノ・コトを，濱野智史 [3] は「アーキテクチャ」と，ローレンス・レッシグ（Lawrence Lessig）[4] は「コード」と呼んでいる．

「アーキテクチャ」という言葉は，通常，我々は，「建造物」の意味で使うが，建築家は建造物の空間を含めてアーキテクチャという．濱野の定義する「アーキテクチャ」には，設計目的を達成するために得られたものに加えて，それに副次的に伴うものも含まれている．レッシグの「コード」とは一般に法律とか制度を意味しているわけだが，彼は濱野と同様に，社会のコードは思いもよらぬ副作用を伴っていてもかまわないし，明文化していなくてもよいとしている．2 人とも，人工物が意図せざる動きをしたとしても，その動きを含めて「アーキテクチャ」「コード」と呼ぶのである．我々が，社会シミュレーションの方法を社会現象に適用しようとするときには，まさに，この「アーキテクチャ」「コード」の設計と分析を対象としている．

ここで，我々の人工物に対する理解が十分深ければ，社会シミュレーションという方法は必要ないかもしれない．しかし，我々が頭の中で想定できるケースは非常に少ないし，（後で考えれば自明なことであっても）シミュレーション結果を見なければ思いつかないことも多い．これが社会現象にシミュレーションの方法を利用する第一の意義である．

もうひとつ重要な意義は，一般に設計結果として得られる解は複数存在することである．マグロとイルカは生物としての種は異なるが，「泳ぐ」という意味においては，両者とも，自然によってなされた非常に優れた設計物で

ある．そうなると複数の解のうちどれを採用するかという意思決定問題が発生する．社会現象についても同じことがいえる．社会問題の解釈と設計にはさまざまな解が必要なのである．

その第一の理由は，社会問題には物理学のような第一原理は存在せず，たとえ厳密な数理モデルを開発したとしても，モデルのパラメタのとり方によっては，結果がまったく異なるものになってしまうことにある．第二の理由としては，アーキテクチャとしてのシステムには不確定要素が多く，しかも対象システムの制御や管理に人間の意思決定要素が入るために，どのような結果でも導きうることが挙げられる．第三には，内部に非常に豊かな心理状態を持つ個々の人間（ミクロな存在）は，マクロなレベルで出現する社会現象を観測し，自らの状態を変化させることである．これが，物理現象には存在しない，社会現象に特徴的なミクロ・マクロ間の相互作用である．

また，シミュレーションという手法を社会現象に適用しようとする場合，「将来の予測はできるのか」「予測は当たるのか」という質問を受けることが多い．しかし，社会シミュレーションを予測の手法として位置づけるのは間違いである．本章ではこのような立場から，社会シミュレーション，とくに，エージェント・ベース・モデリング（ABM：Agent-Based Modeling）の考え方とその楽しさと難しさについて論じていく．

2. エージェント・ベース・モデリングの考え方

〔1〕エージェントとシミュレーション

エージェントという言葉を適当な辞書で引くと次のような記述がある：「代理人；特約店；行為の主体；作用物質；スパイ；外交官……」．最近では，自律的なプログラムまたはプログラムの一部という意味でこの用語が使われることもある．インターネット上の電子商取引きをサポートするシステムや，ユーザとのインタフェースにおいて，エージェントという用語が普及している．この概念を発展させて，社会シミュレーションに適用しようというのがエージェント・ベース・モデリングの考え方である．

さて，「社会のさまざまな事象を思うがままにあやつってみたい」こんな思いを感じたことはないだろうか？　たとえば，スパイとしてのエージェントが活躍する007シリーズに登場する悪役の親玉は，こんな思いを強烈に持っているように見える．また，このような社会実験を行った結果，いろいろな事件が発生するという類の話はSF小説によく登場するテーマである．もちろん，そんなことはできない．しかしながら，かつての王国の専制君主（の幾人か）は，そんな気分で，戦をしかけ，それなりの快楽を味わったのではないだろうか？　そして，これではいけないということで発明されたのが，完全情報ゲームとしての囲碁や将棋であったという話もある．この説に従うと，囲碁や将棋は，もともと戦のシミュレーションだったということになる．実際，現在でもなお戦闘シミュレーションは，防衛訓練としてさまざまな場面で使われている．

エージェントは，このようなゲームにおいてはコマに相当する概念である．複数のコマが，マス目や地形などの与えられた環境の中で相互作用しながら，いろいろな状況を形作っていくのが，この種のシミュレーションの特徴となる．

〔2〕　エージェント・ベース・モデリングとミクロ・マクロ・リンク

エージェント・ベース・モデリングでは，「エージェント」と呼ぶ内部状態と意思決定・問題解決能力，ならびに通信機能を備えた主体が必要である．そしてこのような複数のエージェントの相互作用によるボトムアップなモデル化を試みる．そしてこのインタラクションに基づく創発的な現象やシナリオを分析しようとする．

その特徴は，①ミクロ的な観点においてエージェントが（個別の）内部状態を持ち，自律的に行動・適応し，情報交換と問題解決に携わる点，②その結果として対象システムのマクロ的な性質が創発する点，③エージェントとエージェントを囲む環境とがミクロ・マクロ・リンクを形成し，互いに影響を及ぼしあいながら，システムの状態が変化していく点にある．

図2-1に示すような，エージェント間のミクロレベルのインタラクション

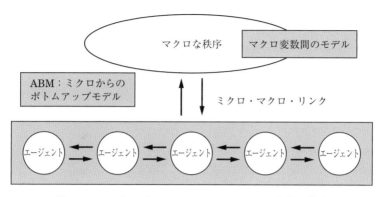

図 2-1　エージェント・ベース・モデリングの一般的な構造

で創発するマクロな現象が生じ，それがトップダウンにエージェントに影響を与えることになる．たとえば，株式の取引きを行う人々をエージェントとみなそう．すると，個々の取引きというミクロな行動によって，金融市場の価格の変化というマクロな現象が創発することになる．さらに，金融市場の価格というマクロな情報が，個々のエージェントの意思決定に大きな影響を与える．このように，ミクロな現象とマクロな現象がからみあって非常に複雑な動きをするのが現実の社会である．このようなからみあいをミクロ・マクロ・リンクという．

3. 社会シミュレーションの背景と歴史

〔1〕エージェント・ベース・モデリングにいたるまで

社会や組織の問題にシミュレーションを用いる研究は古くから行われている．最も古い研究に，リチャード・サイアート（Richard M. Cyert）とジェームズ・マーチ（James G. March）による"A Behavioral Theory of the Firm"（『企業の行動理論』）[5]がある．この本の興味深いところは，組織の意思決定プロセスを Fortran プログラムで記述し，そのフローチャートがテキストの3分の1近くを占めていることである．その後，混沌とした組

織の意思決定行動に関するゴミ箱モデルがマイケル・コーエン（Michael D. Cohen）らによって提案された[6]．また，社会におけるマクロレベルの変数の変化に注目するシステムダイナミクスのようなトップダウンの技法も存在する．これがローマクラブによって，きたるべき世界の「成長の限界」の研究に用いられたことはよく知られている[7]．

しかし，これらのシミュレーション研究が社会システム研究の主流になることはなかった．モデルが現実離れしていると思われたためである．社会シミュレーション研究は 1990 年代初めに，ほぼ同時期に世界各国で復活した．そのときには，エージェント・ベース・モデリングあるいはエージェント・シミュレーションという方法論が中心となっていた[8][9]．エージェント・シミュレーション研究が 1990 年代初めに復活した理由は，次の 3 点にまとめられる．

第一に，人類活動の世界規模での展開と，インターネットをはじめとする技術の急速な発展普及を背景として，人々の意識・行動の変化が社会制度に追いつかない現象が，世界規模で頻発していることである．たとえば，①ソフトウェアの違法コピーと知的財産権の問題，②金融市場での異常な乱高下の発生，③国際的な感染症対策などが挙げられる．これらは従来の社会科学の研究方法では事前には理解が難しく，トップダウン型の政策決定方法では制御できないという特性を持つ．

第二に，人工知能技術の進展により，シミュレーションの実現が容易になったことである．エージェントを用いる社会シミュレーションでは，社会・組織・個人をエージェントとして捉え，それらの相互競争・競合・協調を通して，ボトムアップにシステムを構成する過程と構造の性質とを精査する．たとえば，上記①～③の問題については，我々は以下のような結果を得ている：①情報財に対するフリーライドは社会全体の富や効用を増加させ，それゆえ，適切な制度設計を行わないかぎりこれは撲滅できない．②個々のエージェントの最適な行動が，市場の安定性を損ない，悪影響を及ぼすことがある．③感染症対策なしでも致命的な流行が発生しないケースが存在する．それゆえ適切な対策の評価には多くの分析が必要である．これら，我々の出した結果

はごく自然に見える．しかし，社会シミュレーションの方法なしには，これらを得るのに経験と勘，ならびに適当なシナリオの作成が不可欠であり，従来は，この種の研究には長い時間と膨大な試行錯誤が必要であった．

これを解決するのが，第三のハードウェアの進歩である．我々が対象とする変動し続ける社会現象は，システムの規模の観点からはメゾ・スケールである．すなわち，エージェント数としては，数十から数千万，最大で百億の範囲に，時間的なスケールとしては数時間，数日から千年程度の範囲である．これより，はるかに規模の大きい問題には情報統計力学的な接近が，規模の小さい問題には認知科学的あるいは実験経済的な接近が有効である．これら既存の方法を補完する手法として，社会シミュレーションが存在する．さらに，これらのモデルは並列性が高く，クラウドやグリッドなどの最近の高性能計算技術と相性がよい．

〔2〕社会シミュレーションの研究の位置づけ

社会シミュレーションの研究は，本質的に学際的・学問横断的であり，理論構築，シミュレーション，実験と実践の3つのアプローチを融合することが重要である（図2-2）．以下では，社会シミュレーションに関する代表的な意見をとりまとめる．いずれの論でも，「第三の方法」という言葉が重要な概念となっている（図2-3）．

社会学者の吉田民人[10]は，「物質エネルギーと法則」という従来の科学のパラダイムに加えて，21世紀の科学として「記号情報とプログラム」という「大文字の第2次科学革命」が進行していることを主張する．そして，前者を広義の物理科学，後者を広義の情報科学と呼び，情報科学の原理のひとつにコンピュータ・シミュレーションを位置づけている．また，科学的な態度を「対象のあるがままの姿を記述・説明・予測する」ための「認識科学」と「対象のありたい姿やあるべき姿を設計・説明・評価する」ための「設計科学」とに分類している．

シミュレーション研究においても，認識と設計の両方の立場がある．まったく同じシミュレータを用いたとしても，対象分野の現象を知ることを目的

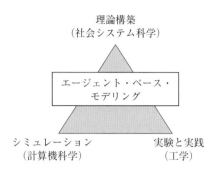

図 2-2 社会シミュレーション研究の三角形

とするならば，それは「認識科学」の立場である．繰り返し囚人のジレンマゲームでどのような戦略が創発するかを観測するのはこのような立場である．シミュレーション結果を直接的・間接的に利用することを目的とするならば，それは「設計科学」としての立場である．エージェント・ベース・モデリングによって新商品の売れ行きを予測するのはこれにあたる．

進化経済学者の塩沢由典[11]は，シミュレーションを第三モードの科学研究法と位置づけている．これは次のような意味である．科学は，従来，「理論と実験という２つの研究方法によって進歩してきた．近代物理学がその典型である．しかし，複雑な事象・システムを対象とする学問分野では，２つの研究方法では足りない．多様な科学分野において複雑系の考えが生まれてきた背景にはこうした事情がある．理論と実験にならぶ第三の科学研究法（第三モードの科学研究法）が提案されなければならない．それは数学的な解析がうまく進められない複雑な相互作用のある現象について，なんとか確実な知識を得ようとする試みである．現在，それはほぼ全面的にコンピュータ実験という形を取っている」．

ロバート・アクセルロッド（Robert M. Axelrod）[12]は社会科学におけるシミュレーションを別の意味で第三の方法に位置づける．第一，第二の方法は，演繹と帰納である．「シミュレーションは演繹と同様に明示的な仮定のもとに始まるが，定理を証明するかわりに，帰納的に分析可能なデータを生

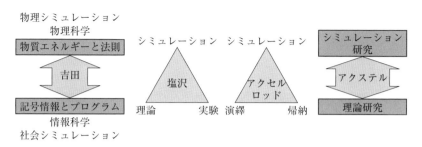

図 2-3 社会シミュレーションの第三の方法の位置づけ

成する.しかし,典型的な帰納法と異なり,そのデータは実世界を計測して得たものではなく,あらかじめ規定されたルールから生成されたものである.帰納ではデータのパターンを見出すことができ,演繹では仮定から導ける帰結を見出す.シミュレーションは直観を養う思考実験の道具である」.

さらに,エージェント・ベース・モデリングのためには,モデルをコンピュータ・プログラム化すること,結果を分析すること,結果を共有すること,モデルを再現することが科学的研究への重要なステップであると主張している.

ロバート・アクステル(Robert Axtell)[13]は,エージェント・シミュレーションを社会科学へ適応する際,これまでの理論研究が捨象していたさまざまな要素を拾い上げることができることを示唆している.たとえば,経済理論は合理的な経済主体の上に最適化された均衡状態の存在を想定するが,エージェント・シミュレーションでは,限定合理的なエージェントを直接に記述・分析の対象とすることで,合理的主体という仮説がどこまで緩和可能かを検証することができる.また,最適均衡・準最適均衡・その他の均衡状態の存在・到達可能性・到達経路依存性を直接取り出すことができ,さらに均衡状態以外の超長時間緩和仮定・動的安定,永続的不安定も分析の対象とできる.

これらをまとめると図 2-3 のようになる.私はこれらの意見に対して,エージェント・ベース・モデリングは,数学的に記述された法則と,言葉で

3. 社会シミュレーションの背景と歴史

記述した事例・ケースの中間に位置することに注目したい．そして，モデルがコンピュータ・コードとして実行可能であるがゆえに，再現や追試が容易なことと，モデルがコンピュータ言語として記述されているがゆえに，人々の間で伝達性・理解性が高いことに大きな特長があると考える．

4. エージェント・ベース・モデリングの楽しさ

〔1〕エージェント・ベース・モデルからわかること

　エージェントに基づくシミュレーション・モデルを作成して動かすことは非常にたやすい．最近では，利用が容易なツールキットが入手できるので，問題設定さえできれば，それこそ1日で興味深い結果を得ることも可能である．また，エージェント・ベース・モデリングに関する教科書も数多く出版されるようになった．また，シミュレーション・モデルのライブラリもインターネット上に存在しており，参考になるシミュレーション・モデルを入手することも容易である．

　表2-1は，我々の最近の研究内容をまとめたものである．どれもエージェント・ベース・モデリングによって「わかる」興味深い現象をキャッチフレーズにしてみた[1][2]．非常に広範囲の問題について「最もらしい」結果が得られることに納得していただけるものと思う．

〔2〕エージェント・ベース・モデルの楽しさ

　このようなエージェント・ベース・モデリングの楽しさはどこにあるのだろうか？　それは以下の4点にまとめられる．

(1) プログラムを自作する楽しさ

　意外なことだが，コンピュータ・プログラミングの初等的な教育において，学生が自分で解けるようなしかも興味深い問題を見出すのは難しい．エージェント・ベース・モデリングは自らで問題を設定してそれを解くよい機会になる．アクセルロッドの主催した繰り返し囚人のジレンマゲームのコンペ

26　第2章　エージェント・ベース・モデリングの楽しさと難しさ

表2-1 エージェント・ベース・モデリングから得られた興味深い知見

- ゆとり教育は間違っている
- 社会的インタラクションからグループリーダがうまれる
- 一般にフリーライダーは秩序を乱すが，情報財については別である
- 知識は共有すべきである
- 経営学の解説どおりに優良企業はできない
- 貨幣は信用以外のなにものでもない
- 人間は間違うがカシコイ
- 強い機械学習エージェントは作れない
- 規制のない状況において金融市場は乱高下する
- リスク管理が金融システムを危うくする
- 牧羊犬でも複雑系は御せる
- 流行はカオスをもたらす
- ABMは社会アンケートを補完することができる
- 社会ネットワークはマーケティング戦略に大きな影響を与える
- ABMとゲームを融合することで新たなビジネス教育が可能となる
- ABMで最適な人事政策をみつもることができる
- 社会規範は行政組織の間接的な関与で整備することができる
- マイレージポイントシステムは集中化する
- 企業の改善活動と不祥事は，規則を破るという点で同根である
- ABMで歴史上の隠れた事実を推測することができる
- ABMで考古学上の仮説を生成することができる

ティション[12]にはこのような観点もある．塩沢らが継続しているU-Mart
プロジェクト[14]は，プログラム教育で大きな成果を上げている．

(2) 世界を作り上げる楽しさ

　自然現象をシミュレーションする場合は，物理法則や化学法則に，そのモ
デルが拘束される．しかも，結果を唯一存在する「現実の世界」に一致させ
なければならない．しかし，エージェント・シミュレーションでは，モデル
作成者は神の立場から，ありとあらゆる法則を実現できてしまう．格子世界
を動きまわるエージェントからインスピレーションを得ることも多い．はじ
めてライフゲームを見た研究者がその画面を見つめるうちに人工生命の着想
にいたったという例があるが，それと同様のことが誰にでも起こりうる．ゲー

ムの開発と実行につながる楽しさである．また，このような楽しさは，かつ
ては専制君主のみに与えられた特権であった．

(3) 新しい研究分野に触れる楽しさ

エージェント・ベース・モデリングの手法は社会科学，人文科学分野の新
しいツールになりつつある．最近，研究開発されているモデルと概念はきわ
めて学際的である．しかも，膨大な文献調査を要求する従来の社会科学分野
の研究に比べて，敷居が低い．したがって，適当な課題を持った他分野の専
門家とモデルについて論ずるときには，新しい研究分野のかなり深いレベル
まで理解することも可能になる．

(4) ミクロ・マクロ・リンクを形成する楽しさ

ミクロなエージェントレベルの行動ルールが集団としての創発的なマクロ
行動をもたらし，それがふたたび個々のミクロな行動に影響を及ぼすとい
う，ミクロ・マクロ・リンクがエージェント・シミュレーションではしばし
ば観察することができる．このような現象は，非線形的であり，スケールフ
リー・ネットワークに見られるようなべき乗則も，またカオス的な動きも発
見することができる．解析的な方法，あるいは従来の数値的なシミュレーショ
ンでは得られない結果が導かれることも多い．

5. エージェント・ベース・モデリングの難しさ

エージェント・ベース・モデリングでは，モデル作成者が自由にモデルを
作れるがゆえに発生する「研究としての難しさ」が存在する．自由に作成し
たモデルを他の研究者に納得してもらうには，まず単純でわかりやすいこと
が重要となる．そのため，エージェント研究において，KISS 原理が強調さ
れる．ここで KISS とは "Keep It Simple, Stupid!" の略であり，物事は簡
単であればあるほどいいという格言である．アクセルロッドは [15] において，
次のように主張している．

28　第 2 章　エージェント・ベース・モデリングの楽しさと難しさ

エージェント・ベース・モデリングはシミュレーションの形を採用するとはいえ，特定の実験的な応用例を正確に描いてみせるのが目的ではない．それよりも，さまざまな応用例に表れる基本的なプロセスについての理解を深めるのが目的である．このためには，KISS原理を忠実に守ることが必要である．

　しかし，その一方で，シミュレーション結果の解釈は説明的なものにならざるを得ない．モデルが単純であれば結果は当たり前に見えるし，現象を理解しようとすればするほどモデルが複雑になり，KISS原理から遠ざかってしまうのである．

　社会現象をより深く理解するためには，KISS原理を逸脱することが必要である．しかし，実世界にあわせてむやみに複雑なモデルを作成すればよいというものではない．以下ではシミュレーション実験を実施する場合の要請をとりまとめる．

(1) 現実と整合する結果が得られること

　自然現象と異なり，社会現象には再現性がない．しかし，金融工学や経済学をはじめとして，現象を説明するための確固たる理論体系は存在する．シミュレーションでは，それらの理論や現実の現象と整合する結果を示せることが重要である．

(2) 既存の理論では説明が困難な現象を示せること

　既存の理論では説明が困難であるが，実際に存在する現象が限定的な意味において再現されることが重要である．たとえば，株価の分布などに見られる正規分布よりもすそ野が長くなるファット・テール現象は，既存の理論では説明が難しかったが，シミュレーションでは容易に再現でき，さらに，これに対して，経済物理学からの説明がなされている．

(3) シミュレーション結果に満足できること

　社会現象のシミュレーション研究においては設定すべきパラメタ数が非常に多くなる．このため，パラメタチューニングによって思いどおりの結果を出すことも可能である．モデル作成者が満足できないような結果は意味を持たない．

(4) 結果の妥当性を評価できること

　シミュレーション実験を実行すれば，必ずなんらかの結果は出る．しかし，その妥当性を示すことはきわめて困難である．シミュレーションのもとになった理論，エージェントに実装した機能の根拠，プログラムの正しさ，結果の感度分析などを厳密に行わないと，説得力に欠けるものになる．

(5) 既成の理論で説明困難な課題に対しても接近できること

　既存の理論はエージェントの行動や意思決定に関するなんらかの合理性を仮定して作られている．ところが実際の現象では，その合理性の仮定が崩れる場合が多い．そのような性質を持つ課題に対して，シミュレーションによって系統的な説明が与えられ，隠れた条件が明確になることもある．

6. おわりに

　本章では，エージェント・ベース・モデリングの紹介を中心として，社会シミュレーションの基本的な考え方，その研究の楽しさと難しさについて論じた．

　はじめて社会シミュレーションのモデルに接する人々に，その学術的または実用的な意義を説くのは容易ではない．それぞれの分野にはすでに 17 世紀の「第 1 次科学革命」からえんえんと培われた科学のパラダイムが存在する．その方法論と比べると，ある意味では「思いどおりの結果を出す」シミュレーションの方法論と既存の学問分野の方法論とのギャップは大きい．また，我々が対象とする問題は複雑適応系である．これ自体が難しい．しか

も，複雑適応系を直接制御することはほぼ不可能である．「複雑系を活かす（Harnessing Complexity）」という姿勢が望まれる [16].

社会シミュレーションの役割として，一方で説得力が求められるのは確かだが，その一方でそれを聴く人が納得力を持っていないと意義が乏しくなる．彼らにどれだけ想像力があるかが重要である．そのためにも，我々は2つの境界値の中でモデルを作り続けなければならない．

すなわち，既存の理論と実際の現実の2つを与えられた境界条件として，その両方をつなぐモデルを実現する必要がある．そして，理論の方で納得させるのか，現実のレベルで納得させるのか2つの戦略のどちらか，あるいは両方をとらなければならない．理論で納得させる場合，パラメタを簡単化するとシミュレーション結果が理論と一致することを示す．現実で納得させるためには，人の流れをビデオに撮ったものとシミュレーションの動きを一致させるようにする．理論と現実とが社会シミュレーションのモデルとどこかで接地していれば説得力が増すし，そのような状況のもとで，新しい意思決定手段を提供するのが今後の社会シミュレーションの役割であると信ずるものである．

第3章

データ分析を社会のシミュレーションに利用する

佐藤 彰洋

1. はじめに

　社会をシミュレートするとはどのようなことであろうか？　また，なぜ我々は社会をシミュレートする必要があるのであろうか？　シミュレーション（simulation）の動詞形であるシミュレート（simulate）とは，日本語では「ふりをする」とか「真似る」というように訳される．すなわち，社会をシミュレートするとは，「社会を真似た仕組みを作って，社会で起こるようなことをその真似た仕組みの上で起こしてみること」と定義できる．

　皆さんは社会を日々見てその中で暮らしているので，シミュレートする必要はないのではないかと考えるかもしれない．また，社会をシミュレートすることは容易であると考えるかもしれないし，逆に不可能であると考えるかもしれない．本章では，社会シミュレーションを行うにあたり，データ分析をどのように利用するかについて，シミュレーションの目的，および可能性について事例を交えて解説する．

　社会をシミュレートする場合，大きく分けて3つの目的が考えられる．

（1）説明

すでに起こっている社会現象を真似するモデルを作り，そのメカニズムを理解するためのシミュレーション．この場合，起こっている現象からあり得るストーリーを作りモデルとして表現する．

（2）推定・予測

これから将来に起こる可能性のある現象について，既知のモデルと同じメカニズムに従うと仮定することで，観測できない部分の推定または将来の予測を行う．

（3）設計

まだ存在しない社会システムを設計するときに，どのような社会を作るとどのようなことが起こり得るかを考察するためにシミュレートする場合がある．この場合のシミュレーションの目的は，設計の仕様とメカニズムをどのように社会に組み込むのかを問うことにある．

これら社会をシミュレートする目的に応じて，シミュレートする方法，ならびに内容も変わってくる．すでに起こっている現象を真似るモデルを作る場合，現状の観測とそれと一致するモデルの選択が必要となる．予測を行う場合には，現状の観測から理解される状況が将来においても継続することを仮定する必要がある．または，観測されていない部分においても観測できる部分と同様のメカニズムが連続的に接続していることを仮定する必要がある．この問題は，斉一性（uniformity）の問題として知られている．設計の問題においては，これまでに存在していないメカニズムを社会に組み込んだ場合に，起こり得るシナリオを見つけるために，シミュレーションを利用することができる．

とくに，社会をシミュレーションする前段階として，シミュレーションしたい現象，あるいは場所における，現状の定性的・定量的理解が必須である．以降の節では，社会をシミュレートする前に必要となる観測の重要性と

データ源，ならびにデータの集め方，データ分析をシミュレーションに利用する方法について，いくつかの実例を交えつつ述べる．

2. 社会のモデルの2面性

　社会における「モデル」という言葉には，記述的モデルと規範的モデルの2つの側面が存在している．記述的モデルとは，現状をよく表現できるスケッチとしてのモデルである．このようなモデルは現状の詳細な理解を行いたい場合や，将来の社会の動きを予測したい場合に用いられる．このとき，社会のモデルには，一様性の仮定が明示的あるいは暗黙的に導入される．すなわち，モデラーが考える因果関係が観測できていない場所においても，あるいは将来においても成立するという仮定である．これは，部分観測から得られた因果構造が対象とする社会すべてに対して空間的に一様でない場合や，時間的に変化する場合には，シミュレーション結果の妥当性について慎重な検討を要する．たとえば，地域や国による嗜好の違いや，歴史的な人々の行動様式，思想の時間変化などが存在する場合が挙げられる．

　規範的モデルとは，社会制度を設計したい場合に，我々の行動をこのようにすべきであるということを規定する意味でのモデルである．たとえば，ロバート・マートン（Robert K. Merton）が提案したロールモデル[1]がその典型である．ロールモデルとは，ある技術や行動事例を模倣・学習する対象となるべき人のことを呼ぶ．

　マートンは，我々は自らが志向する社会的役割を演じている人々の参考グループと自分自身を比較しているという仮説を提唱した．たとえば，ビジネススクールではリーダー養成と自己実現の手法としてロールモデルの考え方を応用している．自分よりも高いレベルのリーダーシップを発揮している人や，学び取りたい行動ができていると思う人が一般的にロールモデルとして選定される．そして，ロールモデルの特徴を表現し，ロールモデルから観察した行動技術を実践し強化することにより，より理想的な行動パターンを身に付け，自己実現を達成できるとしている．

他の規範的モデルの例としてペア・プログラミング[2]がある．ペア・プログラミング[1]とは2人のプログラマによるコラボレーションを通じてソフトウェア開発を行う方法である．ドライバとナビゲータと呼ばれる2つの役割を演じるプログラマが交互に入れ替わりながらソフトウェアのコーディングを行う方法とされる．2人が入れ替わりながらプログラムを行うという型をモデルとすることで，効率的なソフトウェア開発が可能となる行為の規範的なモデルとして好まれて採用されている．伊庭崇は，ソフトウェアのコーディングに用いられてきたペア・プログラミングの方法を，現象の理解とそのメカニズムの記述を含むモデリングまで拡張した，ペア・モデリング[2]という方法を提案している[3]．

規範的な社会モデルがシミュレーションにおいて必要とされる局面は，社会システムにおいて，どのような行動様式を有する要素，およびそれらの関係性を構築すると，どのような結果が得られるのかという設計的な視点から，望まれるモデル構造を探索的に見つけ出したい場合である．

一般に社会をシミュレートする場合，常に記述的モデルと規範的モデルとが混在しており，自分の目的が何であるかに注意を払いながら，社会モデルの構築とシミュレーション，シミュレーション結果の分析を相互に行う必要がある．

社会をシミュレートすることを考える場合，現象に認められる因果関係の特定と，モデル内での因果構造の記述が必要となる．このとき，古典的因果の議論としてデイヴィッド・ヒューム（David Hume）の論考[4]はきわめて示唆的である．ヒュームは因果の問題について3つの事柄を考えた．

① 因果関係（causal relation）
② 因果の推論（causal inference）
③ 因果の原則（causal principle）

因果関係とは2つの事象の間で，3つの条件（時間的先行性，共変関係，説明可能性）を満たし，かつそれが繰り返し観測されるとき（再現性）に我々が認識する2つの事象間の関係性を指すものである．

ここで，重要なことは，ヒュームによると，因果関係というものは存在し

ているものではなく，我々がそのように認識するものであるという点である．とくに，因果の原則として，自然の斉一性原理（principle of the uniformity of nature）が必要とされる．この原理は証明できるものではなく，我々が因果を考えるときに前提条件として仮定せざるを得ないものである．自然の斉一性原理とは，どのような場所，歴史上の時間であっても因果関係の構造は変化せず一定であるというものである．

　我々が因果を認識するときに必要となる因果の 3 条件について簡単に説明しよう．時間的先行性とは，2 つの事象に因果（原因と結果の組み）を想定する場合，少なくとも「原因は結果より時間的に先に起こっていなければならない」ということを述べている．共変関係とは，「2 つの事象に強い相関関係が認められるべきである」ことを指している．そして，説明可能性とは「2 つの事象の関係性について因果関係がどうして生じているかについて説明ができる」ことを指している．しかしながら，この 3 つの条件を満足しているからといって，必ずしも因果関係が存在しているとはいえない例が存在している．そのため，ヒュームは因果関係とは必然性ではなく蓋然性であると述べている．

　たとえば，手品は人間の因果の推論過程をうまく利用することにより，実際に手品師が行っている因果関係とは異なる因果関係を観客に体験させる行為である．

　また，3 つ目の事柄が存在しており（かつこれを認識できていない），2 つの事象の共通の原因となっている場合には，一見 2 つの事象の間に因果関係が存在しているかのように見える場合がある．たとえば，太陽と地球の位置関係という共通の原因が存在している異なる場所にある桜の木は，春のある時期になると，緯度に応じて南北で開花に時間的な先行性を確認することができ，かつ両者の共変関係を求めることも可能である．このとき，異なる緯度にある 2 本の桜の木の間の因果関係について，3 つ目の共通の原因である太陽と地球の位置関係を考慮しないで見てみる．すると 2 本の桜の木の間に相互に情報伝達物質のやりとりを仮定し，理由を作ろうと思えば因果関係を説明する仮説を作り出すことも可能であるかもしれない．だからと

いって，桜が互いに情報伝達を行っており，近接する桜の開花状態に因果関係があると断定することができるであろうか？

　さらに，因果推論においては，帰納的な方法は無限回の観測を経なければ完全に因果関係を証明することができないという問題がある．これがしばしばブラック・スワン[3][5]として参照される，帰納の問題（problem of induction）である．これまで見たことのない事象に対して，将来に経験するであろう事柄を過去の経験からどのように想定できるかという問いである．また，観測しているものの背後にある因果関係に斉一性（時間的・空間的一様性）の仮定がなければ，帰納的な方法を用いて観測から因果関係を証明できない．

　これが先ほど述べた自然の斉一性原理と呼ばれるものである．いま観測している現象の因果関係が，時間と空間で変化しているものの現れである場合には，因果推論を単純に行うことができないが，他方で，社会科学においては社会の斉一性原理（principle of the uniformity of society）は多くの場合成立していない可能性がある．ただ，強い境界条件を社会に課した場合に，多くの人が一定の原因に対して同じ行為を行う確率が高くなることがある．そのため，社会のシミュレーションを行う場合には，人々の嗜好にどのような違いがあるかについて，データに基づき事前によく調べておく必要がある．

　さらに，因果関係が直線的でなく環状構造をなしている場合，原因と結果の区別がきわめて困難となることがある．一方の事象が他方の事象の原因となっているが，かつ他方の事象が一方の事象の原因となっている場合である．たとえば，人がたくさん暮らす都市に人が集まる現象では，人がたくさんいることにより利便性が高まることが確認できる．このとき，人がたくさん集まることにより利便性が高まるという事象と，利便性が高まるために人が集まるという事象との間に循環的な因果関係が確認できる．この例では，循環因果は人口を増やすことに対して正の循環を繰り返す．

3. 社会のデータの集め方とシミュレーションの進め方

　社会シミュレーションにデータを利用するためには，どのようなことをし

ていく必要があるだろうか？　とくに全世界を鳥瞰できるようなシミュレーションを行うためには，データと計算の双方について多くの積み上げが必要である．このような積み上げを行っていくにあたり有効な方法として，PDCA サイクル（Deming サイクル）に基づく方法がある．PDCA サイクルとは品質管理や改善活動で利用される方法であり，計画（Plan：P），実行（Do：D），確認（Check：C），改善（Action：A）のステップを 1 サイクルとし，自らの活動を望む方法へと改善する活動である．計画ステップではこれから実行しようとする活動の計画を立案する．実行ステップでは計画した活動を実際に実行する．確認ステップでは，実行した活動に関する記録から活動の内容を評価する．改善ステップでは，確認ステップで得られた評価と自らが望む希望との間のギャップを認識し，このギャップを埋めるために必要となる活動変更箇所を特定する．そして，改善ステップで特定された，活動を変更すべき箇所に対して変更を行った計画を立案し，次の PDCA サイクルを実行に移す．

　データ中心科学と呼ばれるデータに基づく研究方法論に対して，PDCA サイクルの考え方を導入することにより，小規模なデータから分析に着手し，大規模なデータへと接近しつつ理解と分析を深めていくことが可能である [6]．データ中心科学では，データ獲得，データ収集，データ分析，結果の解釈からなるデータ分析パイプラインと呼ばれるアプローチが存在する．

　図 3-1 はこのデータ分析パイプラインに PDCA サイクルを導入した場合の概念図である．まず，データ獲得ステップ（P）では，分析を行おうとする対象に関するデータの取得計画を立案し，データを取得するための方法を講じる．たとえば，取得しようとするデータが商用の場合は，どのようなデータが存在しているかについての調査，購入のための予算の設定および見積もりの取得や発注などが含まれる．オープンデータの場合は，どのようなデータを集めるかについて，その種類や利用できるデータのリスト，URL の特定が挙げられる．次に，データ収集ステップ（D）では，獲得ステップで取得計画を作成したデータを集め，整理し，分析ができるように準備を行う．

3. 社会のデータの集め方とシミュレーションの進め方　　*39*

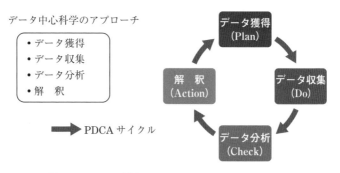

図 3-1 データ分析パイプラインの PDCA サイクル

データ分析ステップ（C）では，前段のデータ収集ステップまでに準備・整理されたデータを用いて分析を行う．データの基本統計量の計算や，データに含まれる要素ごとの集計，データの特徴量の把握，データの可視化を通じ，データから読み取られる現実を描き出す．解釈ステップ（A）では，データ分析から読み取られる現実に対する解釈を行う．次のサイクルでは，データ獲得を行う．このとき，前段のサイクルで獲得したデータより範囲と規模，密度を高める努力と得られた知見を用いて質的な改善努力を払うとよい．次のサイクルでは前のサイクルよりも範囲と規模，密度を高めたデータが収集されるとともに，解釈の質を高めた結論が導かれることになる．

　この PDCA サイクルを繰り返すことにより，密度と規模を高めつつ詳細なビッグデータ分析が可能となる．データ分析に PDCA サイクルを取り入れる場合，最初のデータ獲得はできるかぎり小規模であることが望まれる．一般に，分析者はデータ分析対象に対する知識（domain knowledge）を分析開始時点では十分に持ち合わせていないことがほとんどである．そのため，最初のサイクルにおいては，小規模なデータまたは容易に取得できる関連するデータの分析から手掛けることが重要である．そして，そのような小規模なデータ分析から得られた解釈を用いて，次のサイクルでより詳細かつ範囲と密度を高めたデータ獲得に関する計画を作り，商用データ購入のための財源確保などにも得られた知見を活用するとよい．

4. 社会のシミュレーションを行うための準備としてのデータ分析

　本節では，ビッグデータを用いた社会シミュレーションに資するデータ分析の手法を，航空機による人の移動に関するシミュレーションを行うために，筆者がどのように準備したかについて事例を交じえ説明する．

　詳細に入る前に，航空機ネットワーク上の人の移動のシミュレーションがなぜ必要であるかについて少し説明する．国家の運営体系を歴史的に分類してみると，大陸国家と海洋国家と呼ばれる2つの大きな分類がある．大陸国家は陸上に存在する巨大な資源を背景に国家を形成し，他国との間での関係性を構築し，互いの国境を変化させてきた．これに対して，海洋国家は国境が海岸線で固定されている一方，資源規模が有限である．そのため，海に出ることにより，交易を通じて必要な資源を獲得することを基本戦略とし，国家の生存をはかってきた．しかし，1970年以降ジェット旅客航空機が量産可能となった結果，これまでの人類の歴史上に見られなかった新しい国家運営の戦略が誕生した．これは航空機の輸送能力に基づく国家運営方針であり，前述の2種類の国家概念の類推から「航空国家」と呼んでみる．いわば「空の民」の概念である．航空国家の概念では，空間連続性の概念よりは航空機による移動経路がどのように接続しているかというトポロジカル概念のほうが初期分析には有効である．さらに，交流人口が数的にどのように接続しているかも重要である．

　大陸国家戦略，海洋国家戦略というものは古くから認識されており，以前から議論されてきたが，航空国家戦略という概念は1970年以降に確立したものであり，現在も成長を続けている．航空国家戦略では物流に関する輸送能力よりは，人流の観点，とくに観光などの人的，文化的交流の観点に注目すべきである．空の民は物質的な拡大による経済戦略より，人的交流の拡大による経済戦略を重視するため，より平和的な国家戦略を実現できる可能性がある．そのため，世界的な人の移動がどのように起こっているかについて社会シミュレーションを行うことは，第1節で述べた説明，推定・予測，設計の3つの観点からともに重要である．

そこで，PDCA サイクルを構成してデータ分析を深め，データ駆動型[4] の方法に立脚しシミュレーションを行うことで，どのような分析が可能となるかについて具体例を用いて説明する．筆者は航空機の世界的なデータの分析を手掛けたが [7]，そのとき以下のような手順で研究を開始し深めていった．

（1）まず，無料で利用できる旅客航空機による人の移動（流動）に関するデータを探した．国内の動向については，行政が公表する統計が初期調査には有効である．航空輸送の場合は，国土交通省航空輸送統計調査 [8] と呼ばれるものがある．これは，国内線の航空輸送に関して，航路ごとに航空輸送の現状をまとめたデータである．この航空輸送統計調査は，国土交通省が統計法（平成 19 年法律第 53 号）に基づく一般統計調査として実施している．航空法（昭和 27 年法律第 231 号）に基づく許可を受けた航空運送事業者および航空機使用事業者を対象に行われている調査で，航空機稼動時間，燃料消費量，国内定期航空運送事業輸送実績，国際航空運送事業輸送実績に関する事項が統計として年度と年次の両方の形式で公表されている（集計は月次まで存在する）．

（2）このデータを分析することにより，国内空港の利用状況ならびに国内空港の位置情報との連結の必要性，また，ネットワーク分析の方法などについて理解を深めることができた．さらに，航空輸送統計調査では，合計飛行距離，合計旅客数，合計貨物輸送量などの統計が経路ごとに月次で公表されている．これらのデータから，国内の航空輸送における旅客便の次数分布や，貨物輸送の次数分布の分析，媒介中心性などの計測が可能となった [9]．図 3-2 は 2012 年 1 年間の国内の航空旅客数に関するネットワーク構造を示している．ノードが空港，リンクはそれら 2 空港間に旅客航空機航路が存在していることを示す．東京と札幌，東京と福岡を結ぶ経路においてきわめて旅客数が多い．空港としては，羽田空港または成田空港と新千歳空港ならびに福岡空港とを結ぶ経路である．

（3）さらに，航空輸送分野で利用できる商用データについて研究を進めた．民間のサービスとしては，航空機運行に関する世界規模でのリアルタイムデータを WebAPI 経由で取得できる FlightAware.com 社の FlightXML [10]

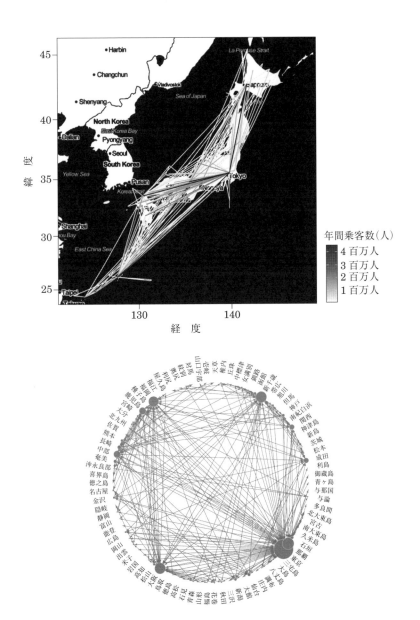

図 3-2 日本国内における（上）旅客航空機の空間接続構造と（下）トポロジー的ネットワーク構造（2012 年国土交通省航空輸送統計調査 [8] を基に作成）

4. 社会のシミュレーションを行うための準備としてのデータ分析

を用いて，日次での国内タイムテーブルデータの取得とそのネットワーク構造の分析を行った．また，Flightradar24.com[11]では世界中で現在飛行中の旅客機の位置と種別に関する データが公開されている．Flightradar24.comでは，トランスポンダ（放送型信号発信装置）を搭載した航空機から送信される放送型自動従属監視（Automatic Dependent Surveillance‐Broadcast；ADS‐B）信号から収集された航空機に関するデータが公開されている．約65％の商業機においてADS‐Bトランスポンダ（欧州75％，米国35％）が搭載されている．ADS‐Bは航空機の識別子，現在位置，高度，対気速度などの情報を含んだ信号を送っており，これを世界中に存在するボランティアが受信機で受信し，データとしてサーバー上に蓄積し続けている．

（4）これら，政府統計オープンデータを用いた国内航空輸送ネットワーク構造の分析と，少額かつカバレッジ（対象範囲）が国内に限定された航空タイムテーブルデータの取得と分析を通じて，論文が執筆できる機会が得られ，さらにデータ購入のための予算化が可能となった．

（5）全世界をカバーする商用データは高額ではあるが，前段までの努力によりデータを購入できる予算は得られており，かつすでに前段階までに分析すべき事項と旅客航空機の運行に関する知の集積，分析に必要な基本的なソフトウェアの開発，ならびに，プログラムの動作確認は終えている．このようにして，PDCAサイクルで得られた知見と予算により，全世界のカバレッジ90％以上のOAG社が提供する世界の旅客便に関する時刻表を購入することができた．このデータには，空港間の定期・不定期での旅客輸送に関して，その運営会社や旅客機の機種，フライトコードおよび便数や，座席数に関する項目が含まれている[12]．

（6）OAG社が提供する旅客航空機タイムテーブルデータから描かれる全世界の航空輸送の2014年の現状は図3-3のようになる．この図は，丸の大きさが空港ごとの離発着座席数を，色の濃淡が空港ごとの離発着便数を示している．世界にはきわめてたくさんの空港（約4,000）が存在しているが，この図から欧州，北米，アジアに存在する空港において，離発着座席数，離発着便数の集積が起こっていることが理解できる．格安航空会社（Low‐Cost

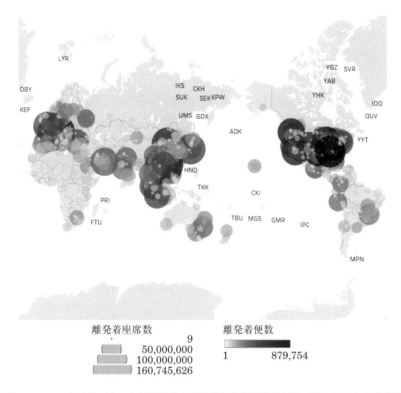

図 3-3 2014 年空港ごとの年間離発着座席総数と年間離発着便数（円の大きさが座席数，色の濃淡が便数を表す）（OAG 社 AVIATION タイムテーブルデータを基に作成）

Carrier；LCC）の増加などにより，民間航空機の便数（席数）は飛躍的に増えている．2016 年現在，世界全体の航空機の席数は，年間で 46 億席であった．地球の人口を 70 億人として，その半分以上を輸送できるキャパシティに達している．また 1 日当たりの乗客数はざっと 1000 万人である．つまり東京都の人口に匹敵する数の人間が，1 日のうちに飛行機に乗り，この地球上を移動できるだけの輸送能力を有していることがわかる．さらに，運行席数，乗客数を含む商用タイムテーブルデータを日次ベースで用いることにより，どの国のどの空港に何機・何席が離着陸したかを集計・解析することが可能である．そしてそのような知見は，世界の人の流れをシミュレーション

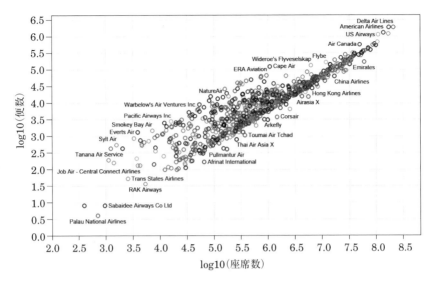

図3-4 2014年航空会社ごとの年間取り扱い離発着座席総数と年間離発着便数（ダブルカウント）(OAG社AVIATIONタイムテーブルデータを基に作成)

する場合きわめて重要な情報となる．たとえば，この日次データを1年間収集し続ければ，同様の静止画が365枚揃い，その365枚の静止画を連続再生して簡易動画化すれば，世界の空港利用の全体トレンドが時系列で容易に理解できる．近年，航空機の席数は年間1億席のペースで増加している．2014年における年間の座席総数は44億席程度であったが，2015年は45億席，2016年では46億席を超えた．データを継続的に収集分析することにより「人類全体の航空機の利用トレンド」をリアルな実数で認識することが可能である．図3-4は2014年1年間に700の航空会社が取り扱った離発着座席総数と離発着便数の両対数プロットである．世界最大の輸送能力を有する航空会社では年間2億席の輸送能力を有しており，上位5社は米国の航空会社である．

さらに，図3-5は2014年1年間に飛行した旅客航空機の飛行時間のヒストグラム（座席数換算）である．この図から飛行時間1時間から2時間が最も多く，年間18億席分の輸送容量が存在していたことがわかる．次いで

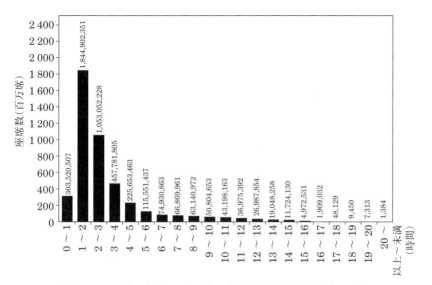

図 3-5 2014 年飛行時間ごとの年間輸送量（座席数換算）（OAG 社 AVIATION タイムテーブルデータを基に作成）

2 時間から 3 時間が年間 10 億席分，3 時間から 4 時間が年間 4.5 億席分の輸送容量が存在していた．ジェット旅客機の平均巡行速度は約 800 km/h であるので，おおよそ 800 km から 3,200 km の移動に全航空輸送容量の 73% 以上の航空輸送容量が割り当てられていることがわかる．

このようなデータ分析から得られた知見を用いることなく，旅客航空輸送に関する社会シミュレーションを行ったとしても，現実の説明，推定・予測，設計のために利用可能な社会シミュレーションとならないことは明らかである．これらのデータ分析から得られた，ネットワーク構造，過去の便数，座席数の時間変化などを，数値シミュレーションに組み込むことにより，より正確な世界の航空輸送の現状を理解するための社会シミュレーションが可能となる．

5. まとめ

データを利用したシミュレーションを行うときには，以下の点に気を付ける必要がある．

- データの獲得収集，整理，管理（データの保守と管理）
- 巨大データベースと並列計算技術の連携
- データと計算プログラム双方のデバッグ

社会シミュレーションにデータを利用する場合，データの信頼性がシミュレーション結果の信頼性に直結する（誤ったデータをどのように正しく計算しても誤った結果しか得られない）ため，データとソフトウェア双方の信頼性を高めるデータ検証[5]と信頼性の高いソフトウェア開発の双方が重要である．さらに，ビッグデータを利用する場合には，巨大データベースと並列計算技術の融合がビッグデータ時代における社会シミュレーションの鍵となる．

データ分析の結果を社会シミュレーションに導入することにより，シナリオに基づき将来の可能性を作り出し，推定・予測さらには設計に活用していくことが可能となる．このような活動は，我々に現状に関する高度な理解と，将来にわたる示唆，ならびに体系を構築・運営していくために必要となるさまざまな知見をもたらす．

第4章

ソーシャルメディアにおける情報拡散
——どのようにしてデマ情報は蔓延し，収束するのか

栗原 聡

1. はじめに

　2016年4月に発生した熊本地震の直後，「熊本の動物園からライオンが逃げた」という情報がTwitterに投稿され，そのツイートが拡散されてしまい，もちろん近隣の住民に大きな不安を与え，動物園には確認や苦情の電話が殺到し動物園運営のための各種業務に支障が出てしまった（図4-1参照）．また，2011年3月11日に発生した東日本大震災では，「コスモ石油千葉製油所のLPGタンクが爆発し，有害物質が雨に混ざって飛散する」といった情報が同じくTwitterに投稿され，千葉県とその近隣圏にて避難したり傘や雨合羽を買うといった混乱が発生してしまった．これら以外にも，放射線被曝にはイソジンを飲むとよいとか，関東圏に電力供給するために関西圏で節電しようといった，さまざまな情報が飛び交い，それらの情報に多くの人々が影響を受けた．

　これらの情報が真実であれば，無論よい話であり，情報を知ったことで，ライオンとの遭遇を避けることができ，有害物質を浴びることなく，節電により関東圏の人々の役に立てたのかもしれない．情報を発信した人々の貢献は大きいものであろう．しかし，真実はその逆であった．すべて嘘，すなわ

図 4-1 ライオンが逃げたというデマツイート

ちデマだったのである．

　嘘や間違った情報を発信することは，SNS 時代に始まったことではなく，不幸の手紙やチェーンメールなど，残念ながら昔から存在する．しかし，デマの問題が大きな社会問題化するようになったのは SNS 時代になってからである．インターネットの社会インフラ化の拡充に後押しされるかたちで，Twitter や Facebook などを代表とする SNS の我々の日常生活への浸透が加速している．SNS が一般化する以前であれば，我々がさまざまな情報を収集するのは主にテレビやラジオ，新聞であった．もちろん書籍からも情報収集することができた．現在は，これら従来型のメディアに加え，SNS やブログ，検索など，いわゆる「ネットメディア」から，そして，従来型のメディア以上に多くの情報をしかも迅速に得ることができるようになった．より迅速に有用な情報が獲得できるネットメディアの方を我々が便利に感じるのは当然であり，それを証明するかのように，紙媒体の流通量は減少の一途をたどっている．しかし，ネットメディアの情報は，従来型メディアのように，事前に校閲など，内容確認のプロセスを経てはいない．我々個人が自由に情報発信できることが利点である反面，害となる情報も容易にネットメ

ディアに流れ込んでしまうという2面性を持っている.

また,なぜSNS全盛期の現在においてデマや風評が社会問題化しているのかというと,害となる情報がネットメディアに入り込む機会が増えたからだけではなく,それらの情報が迅速に,そして想定以上に大規模に拡散してしまう恐れがあるからである.SNSは単なる個人が情報発信する場ではなく,情報をいかに広く流通させられるかが重要な機能なのである.つまり,有用な情報と同じように,有害な情報も広く拡散してしまう宿命を持っているのである.たまたまある1人が軽い気持ちでつぶやいた情報が本人も想像できないレベルで拡散し多くの人に迷惑をかけることになる,ということがそもそも起こる環境なのである.しかし,我々は,ネットメディアがそのような性格を持っていることを認識していたとしても,そこでの情報を鵜呑みにしがちである.緊急事態など,落ち着いた思考や判断ができない状況ではなおさらである.

理想は,このような状況を改善し,誰もが有害情報にさらされることなく,そして必要な情報は迅速に拡散させるネットメディアのしかけができることであろう.そして,IT（情報技術）やAI（人工知能）を駆使することで,完全とはいえないが,いろいろな可能性を期待することができる.本章では,そもそもネットメディアにおいて情報がどのように拡散されるのか,その仕組みを明らかにする取り組みについて紹介するとともに,どのようにすれば拡散を抑制することができるのかについても簡単に紹介する.

2. インフルエンザの流行とデマの拡散

流行という言葉から連想される最も身近な例がインフルエンザであろう.インフルエンザの流行とは,インフルエンザウィルスが人から人に感染し,最終的に爆発的に感染してしまうことである.パンデミックなどと呼称されることも多くなった.一見,ウィルスの蔓延とデマの問題は異質な関係と思われるかもしれないが,実はとても類似している.

2. インフルエンザの流行とデマの拡散　　*51*

3. SIR モデル

ウィルスの蔓延の仕方に関する有名なモデルがある．1927 年に提案された SIR モデルである [1]．

SIR モデルでは，ある集団において，各自は常に以下の 3 つのグループのいずれかに属すると考える．

- 感染しておらず健康な状態（S：Susceptible）
- 感染し発病している状態（I：Infectious）
- 免疫機能により病気が治った状態（R：Recovered）

最初の段階では全員が S の状態に属し，集団内のある人が感染したとすると S から I の状態に遷移する．すると，その人の周囲にいるメンバーが，ある確率にて次々と感染し，同じく S から I に状態遷移する．この S から I に状態遷移する確率のことを感染率と呼ぶ．そして，状態 I となった人々は，ある確率で病気から回復して R の状態に移行する．この確率は回復率と呼ばれる．感染率の値をゼロとすれば，無論，感染は発生しないことから全員が S のままである．一方，感染率をたとえば 10% などとすれば S から I に遷移する人が現れることになる．さて，どのように増加するのであろうか？ 2 人（時刻 1）→ 4 人（時刻 2）→ 6 人（時刻 3）→ 8 人（時刻 4）というように，一定時間ごとに一定人数が増加すると思われるであろうか？ それとも指数関数的に増加すると思われるであろうか？ 指数関数的というのは，たとえば，ねずみ算のような変化である．常に 2 倍に増加する変化を想像してみよう．最初は 2 人という少ない人数であっても，2 人（時刻 1）→ 4 人（時刻 2）→ 8 人（時刻 3）→ 16 人（時刻 4）→ 32 人（時刻 5）→ 64 人（時刻 6）と，みるみる増加する．ちなみに，一定数増加する場合は，時刻 10 ではたかだか 20 人にしかならないが，指数関数的変化ではなんと 1,024 人にもなる．病気の感染は残念ながら後者のように感染者が増加する．最初は 1 人であっても，その 1 人が 3 人に感染させたとして，その 3 人がそれぞれ 3 人を感染させると 9 人が感染するという具合である．

では，S, I, R はどのように変化するのかというと，図 4-2 のようになる．

第 4 章　ソーシャルメディアにおける情報拡散

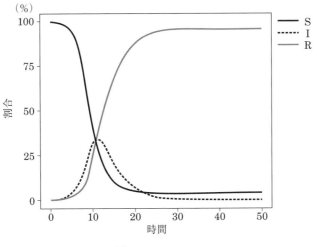

図 4-2　SIR モデル

最初は全員がSからスタートして，感染率に基づきSからIに遷移する感染者の数が指数関数的に上昇する．それを追いかけるように回復者数も指数関数的に上昇する．一度回復しRとなった人は免疫が作られ，2度目の感染はないことから，徐々に感染できる人数自体が減少し，Iに遷移する人数は減少し，最終的にIはゼロとなり，全員がR状態となる．

このように，最初に提案された SIR モデルでは最終的にすべての人が S または R となるが，R となった人が再び感染する可能性のある（R から S に変化する）場合を想定した SIS モデル [2] など，SIR モデルではさまざまな拡張モデルが提案されている．

4. 病気の感染と情報の拡散との違い

それでは，情報をウィルスにたとえてみよう．すると以下のように解釈することができる．ある情報があり，Aさんがその情報を知らない場合，それはAさんがウィルスに感染していない状態と同じであると考える．すると，その情報を知ってしまうことは，ウィルスに感染したことを意味し，さらに，

情報を知ったAさんが，その情報をBさんに教えたとすると，それはAさんがBさんを感染させたことを意味する．しかし，病気の感染のようにBさんはこのままでは回復することはできない．「情報を知った」ということが「感染した」ということを意味するのであれば，「回復する」ということは「情報を知らなかった状態に戻る」ことを意味する．しかし，人は一度知ってしまった情報は，そうそう忘れるものではなく，「情報を知った」ことを「感染した」とする考え方では回復について考慮することができない．

そこで，次のように考えてみる．情報を「デマのような間違った情報」と，「デマを訂正する正しい情報」の2種類に分けてみる．すると，Aさんがデマ情報をBさんに教えた場合は，Bさんはデマ情報に感染したと捉えることができる．無論，BさんはAさんからの情報が正しいのか間違っているのかはこの時点ではわからない．そして，BさんがCさんからデマ訂正情報を受け取り，Aさんからの情報が間違った情報であることを認識することで，回復したとみなすのである．

この考え方が正しいかどうかを，このモデルに基づいて情報拡散シミュレーションを行い，実際のデマ拡散が再現できるかどうかで検証してみることにしよう．

5. Twitterでの情報拡散

現実のデマの拡散をシミュレーションで再現できるかを検証するためには，まずは実際に起こったデマ情報拡散に関するデータが必要となる．ここでは東日本大震災時のTwitterでのデマ拡散を対象とする．1995年に発生した阪神・淡路大震災の際は，電話や交通手段が遮断されたために，被災地中心部に関する情報が手に入らないという状況になった．そして，このときはインターネットがそれほど一般的でなかったために，情報発信はテレビ，新聞，ラジオといった各マスメディアを通じて行われていた．これに対し，東日本大震災の際も，阪神・淡路大震災と同様に情報通信のインフラが大きな被害を被ったものの，この頃は情報インフラとしてのインターネットがか

なり浸透していた．そして，他の情報インフラと比べて，インターネットは障害に強く，早期に被災地でも利用可能な状態となったことから，インターネット上のシステムである SNS が安否情報や被災者支援などを目的として使用された[1]．一方で，これまで述べたように，インターネットは，マスメディアと異なり一般人が多く利用するため，不確かな情報が出回りやすい．実際に東日本大震災発生後には震災に関連した情報が多数流れたが，根拠がはっきりしない情報も多く，誤った情報であるとして，後に国や企業などによって否定された情報もあるのが実態である．

　鳥海不二夫らにより収集された震災時のツイートデータを利用する[3]．2011 年 3 月 11 日から 2011 年 3 月 24 日における 1 日当たりのツイート数を表 4-1 に示す．やはり震災当日である 3 月 11 日はツイート数がきわめて多い．

　Twitter での情報拡散は主にリツイートという機能により発生する．すなわち，ユーザがあるツイートを受け取り，その情報を周りにも教えたいとき，リツイート操作を行うことで，瞬時にそのユーザのフォロワー全員にその情報が通知される仕組みである．A さんをフォローしているユーザが 100 人

表 4-1　東日本大震災時のツイート数

日　付	ツイート数
2011/03/11	23,412,446
2011/03/12	16,365,240
2011/03/13	14,426,839
2011/03/14	17,036,622
2011/03/15	18,246,496
2011/03/16	17,688,258
2011/03/17	15,736,640
2011/03/18	16,456,983
2011/03/19	17,125,320
2011/03/20	16,793,213
2011/03/21	14,822,535
2011/03/22	18,197,419
2011/03/23	19,613,136
2011/03/24	13,833,894

いるとすると，Aさんがリツイートボタンをクリックするだけで，100人に情報が一斉に通知されるのである．つまり，数万人のフォロワーを有する有名人の一言が一気に数万人に拡散する．そして，その数万人もそれぞれさまざまな人数のフォロワーを持ち，彼らがさらにリツイートし，そのバケツリレーにて情報が拡散するのであるから，1人のつぶやきが瞬時にして想像もできない膨大な数の人々の知るところとなってしまうのも容易に想像できる．SNSが誕生する以前にはこのようなメディアは存在せず，もちろんインターネットがあってのSNSではあるが，SNSの登場は蒸気機関がもたらした変革に匹敵するほどの大きな影響を我々に及ぼしているといえるだろう．

図4-3は3.11以降，震災情報を配信した公共団体のツイッターアカウントをフォローした人数の変化を示したものであるが，実際，Twitterによる情報拡散能力の高さを利用すべく，フォロワーが急増したことがわかる．しかし，このことは，有用な情報がより拡散されるようになったことと同時に，デマ情報も同じように拡散されやすくなってしまったということなのである．

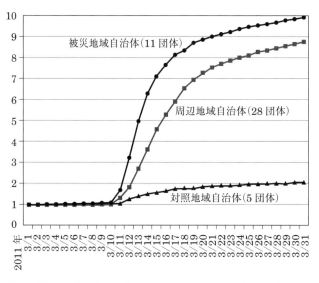

図4-3 被災地自治体公式アカウントのフォロワー数の推移（3月1日のフォロワー数を1とする）（出典：[4]）

56　第4章　ソーシャルメディアにおける情報拡散

6. | デマとデマ訂正情報の収集

　さて，シミュレーションでデマ情報拡散の再現を試みるには，まずは現実にどのようにデマ情報が拡散したのかを調査する必要がある．震災時の膨大な数のツイートにはもちろん，震災とは関係ないツイートも多く含まれている．まずはこの中からデマやデマの訂正に関するツイートのみを取り出さなければならない．いろいろな方法が考えられるが最も簡単な方法を紹介すると以下の Step 1 から Step 6 の手順となる．

Step 1：3.11 関連のツイートのうち，すでにデマであったことが知られているものを 1 つ選ぶ．

Step 2：ツイートがそのデマに言及しているかどうかを判別する基準として，デマの内容に関わる必須キーワードをいくつか設定する．

Step 3：必須キーワードが含まれるツイートを抽出する．

Step 4：次に，この中から，リツイートされた回数が多いデマツイートとデマ訂正ツイートを複数選び出す．

Step 5：選択したデマツイート，デマ訂正ツイートから，それぞれデマツイートに関連するキーワードをネガティブキーワードとして，そしてデマの訂正ツイートに関連するキーワードをポジティブキーワードとしてそれぞれいくつか選び出す．

Step 6：Step 3 で収集したデマに関連するツイートに対して，Step 5 で設定した，ネガティブキーワードを含むツイートをデマツイートとして，そして，ポジティブキーワードを含むツイートをデマ訂正ツイートとして 2 つのグループに分類しながら抽出する．

　この方法に従って「コスモ石油デマ」に関するツイートを収集すると，以下のようになる．

　まず，典型的なデマツイートは次のような内容である．

　　　千葉市近辺に在住の方！コスモ石油の爆発により有害物質が雲などに

6. デマとデマ訂正情報の収集　　*57*

付着し，雨などといっしょに降るので外出の際は傘かカッパなどを持ち歩き，身体が雨に接触しないようにして下さい！

またデマ訂正ツイートは次のような内容である．

市原市のコスモ石油千葉製油所LPGタンクの爆発により，有害物質が雨などといっしょに飛散するという虚偽のチェーンメールが送信されています．千葉県消防地震防災課に確認したところ，そのようなことはないと確認できました

コスモ石油火災は現在鎮火されています．時々見かける有害物質が降るので傘を？と言ったRTについてですが，昨夜NHKニュースで無害であると発表がありました．コスモ石油関係者として皆様に安心をお届けしたいので，拡散して頂ければ，と思います

ここで，図4-4にはデマとデマ訂正ツイートがどのようにツイートされたかの時間変化を示す．

図4-4に示すように，まずデマツイート数が急激に上昇し，その情報が間違いであることがわかり，デマ拡散の後を追うようにデマ訂正ツイートが急

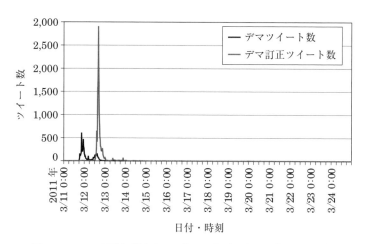

図 4-4 コスモ石油に関するデマとデマ訂正ツイート数の時間変化

上昇している．特徴的なのは，両者ともピークが1つであることである．火災や事件など，鎮火や犯人逮捕によりその鮮度が落ちてしまうタイプの事象に対するデマも，事象自体の鮮度が落ちてしまえば人々は気にする必要がなくなるからであろう．

図4-4で，デマツイートもしくはデマ訂正ツイートに関わった人数の合計はおよそ3万人であった．つまり，最初，コスモ石油事件について何も知らないSIRモデルにおけるS状態の3万人の中から，I状態に遷移してデマ情報をツイートする人々と，同じくR状態となってデマ訂正ツイートを発信する人々が発生したということである．そこで，S, I, Rの変化を図4-2のようにグラフ化すると，図4-5のようになる．

残念ながら図4-2の病気の拡散のように最終的には全員が回復することはなく，デマ情報をリツイートしたままのユーザもいるが，デマ訂正ツイートが急増し始めた段階で，デマツイートを拡散する人数の増加が停止するなど，本来のSIRモデルと類似した変化を見ることができる．

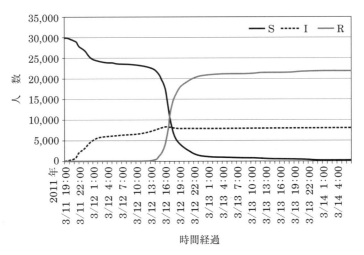

図4-5 コスモ石油に関するデマ拡散におけるS, I, Rの時間変化

6. デマとデマ訂正情報の収集　59

7. シミュレーションによる再現実験

　コスモ石油デマ拡散をシミュレーションにて再現できるか検証してみよう．まずは，前節における3万人に相当する，デマとデマ訂正の拡散に関わるユーザと，ユーザ同士の関係を用意する必要がある．ここでユーザ同士の関係について説明しておく必要がある．

〔1〕スケールフリー・ネットワーク

　Twitter でのユーザ同士はユーザ A がユーザ B をフォローするという関係でつながっている．上述したように，多くのフォロワーを持つユーザの影響力は大きなものとなる．では，Twitter の各ユーザはどれくらいのフォロワーを持っているのであろうか？　皆が平均的なフォロワーとなっているのであろうか？　まず想像される分布が図 4-6（左）の正規分布であろう．横軸がデータの値，たとえば，テストの点数や所得における年収などである．縦軸が各値が全体に占める割合である．受験や学校でのテストの点数分布などはこのような正規分布となる．見慣れた分布の仕方であり，平均点をとる人数が最も多く，それを中心に高得点，落第点をとった人数が少なくなっていく山のような分布である．これに対して，右図のべき分布はどのように解釈できるであろうか？　べき分布では，ほとんどのデータが低い値をとるものの，ごく少数のとんでもなく高い数値を持つデータがある分布である．こ

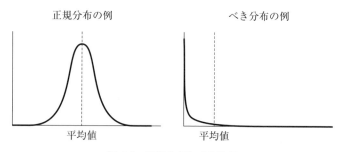

図 4-6　正規分布とべき分布

のようにいわれればいろいろな例が思いあたると思う．年収の分布，国ごとの国土面積や人口分布もべき分布である．実は我々を含む自然界でのさまざまな事象を数値化すると，むしろ正規分布よりべき分布の方が多いのである．そして，SNSにおけるユーザごとの友人数の分布もべき分布なのである．つまり，Twitterであれば，ほとんどのユーザのフォロワー数は100人前後であるものの，少数のユーザにおいては数万人，数十万人というフォロワーを持つということである．有名芸能人などは数百万人にもなる．

では，AさんとBさんが友人関係にあるという関係を，Ⓐ－Ⓑのようにネットワークとして可視化するとしたら，Twitterでのフォロー・フォロワーの関係はどのように表されるであろうか．図4-7のようになり，このようなネットワークのことを「スケールフリー・ネットワーク」と呼ぶ．

個々のノード（頂点）がユーザであり，フォロー・フォロワーの関係があるユーザ同士をネットワーク接続すると図4-7のようになる．少数であるが多くのフォロワーを持つユーザが黒くなっている．200万人のフォロワーを持つユーザが一言つぶやくと，一瞬にて200万人に拡散されることになる．このように，デマやその訂正情報の拡散実験を行うには，情報が伝搬される経路も現実に則したものにする必要がある．

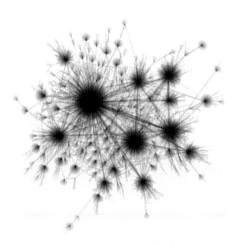

図4-7　スケールフリー・ネットワーク

〔2〕シミュレーションの結果

図 4-8 は 50,000 人での情報拡散のシミュレーション結果である．図 4-5 に示した実データとほぼ同じ変化を再現できている．

50,000 人から任意で選択したユーザをデマ拡散の起点として拡散を開始し，現実と同じ 10 時間後にデマ訂正情報を拡散するユーザを任意に選択し拡散を開始させた結果である．この結果を見ると，病気の感染モデルが情報拡散のモデル化においても有効であることがわかる．ただし，今回取り上げた拡散のピークが 1 つしかないような，情報の鮮度期間の短い事象に関してであることを強調しておく．情報はウィルスのように均一には拡散しない．その情報自体への関心度や，誰から得た情報なのか，また，一度は信用しなかったが，何度となく情報が伝搬されることで，その情報への関心が高まり，結果的にリツイートするなど，我々はさまざまな要因に基づき情報を伝搬させるかどうかを決めている．たとえば，東日本大震災での有名なデマに「節電に関するデマ」もある．これは関東圏での電力不足を補うために，関西圏の電力を融通させようと，関西にて節電を呼びかける情報が拡散されたものである．実際には，関東と関西では交流の周波数が違うため，融通すること

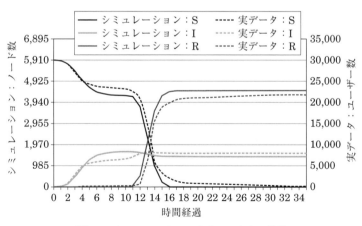

図 4-8　シミュレーションと実データとの比較

は難しく，間違った情報，すなわちデマであった．しかし，節電すること，また助け合うという行為自体が持つ道徳的な観点や，このデマはプラント爆発のように鎮火すれば鮮度が失われる類の性格ではなく，電力問題の解決には長期間を有することから，鮮度が長期間維持される種類の情報である．よって，図4-9に示すように，デマと訂正の拡散の波が数回発生するなど，複雑な情報拡散となっている．

そして，このような複雑な拡散ともなると，今回紹介した単純なSIRモデルに基づく方法では再現することは難しい．このモデルが根本的に間違っているということではなく，このモデルを土台として，上述したように人の情報に対する解釈の仕方を追加するといった拡張が必要となる．SNSにおける情報拡散についてはさまざまな研究が展開されており，本章で説明した内容はほんの一部である．この研究分野に興味を持たれた読者はぜひいろいろサーベイされることを期待する．

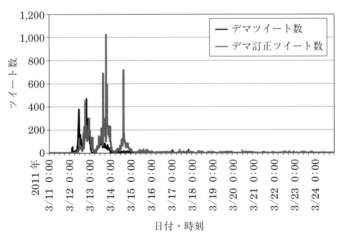

図 4-9 節電デマでのデマとデマ訂正ツイート数の時間変化
（3度の波が発生している）

8. 情報拡散の防止はできるのか？

　デマ情報の拡散問題はどのようにしたら解決できるのだろうか？　理想的な方法はデマ情報の書き込みを事前に防止することであろう．しかし，これはきわめて困難である．最初から悪意を持ってたびたびデマを流すようなユーザであれば，あらかじめそのユーザの行動を監視するなど対策もできるかもしれないが現実には難しい．また，最も厄介なのは，今回取り上げたプラント爆発デマにしても節電デマにしても，最初にその情報をつぶやいたユーザには悪意はなかったということである．冷静に情報の真偽を確認し，真実である確証を得てからつぶやくべき，と思われるかもしれないが，急を要する事態や大災害で皆が不安になっている状況などにおいては冷静な判断は難しい．よって，最初は善意から情報拡散が発生するにも関わらず，途中でその情報が間違いであることが判明し，デマ情報となってしまう状況を事前に察知するのは不可能であろう．唯一できることは，デマ訂正情報を効率的に多数のユーザに拡散させることである．そして，拡散させるに際しては，デマ情報に感染しているユーザにデマ訂正情報を届けることがとくに重要となる．

　そこで，次のような実験を行った．デマ訂正情報の拡散を最初に誰に依頼するかという実験である．起点となるユーザをどのように選定することで，一度デマの拡散に関わったユーザに広く訂正情報を流布できるのか，そしていかに広範囲にデマ訂正情報を拡散させることができるであろうか？

　起点となるユーザの選定方法として以下3種類について検討する．

- パタンA：デマツイート拡散の起点となったユーザに，デマ訂正ツイート拡散の起点になってもらう．
- パタンB：ユーザ全員のうち，フォロワー数のきわめて多いユーザ1人に依頼して拡散の起点になってもらう．
- パタンC：デマツイートを投稿したユーザの中で，フォロワー数のきわめて多いユーザ1人に依頼して拡散の起点になってもらう．

64　　第4章　ソーシャルメディアにおける情報拡散

パタンAの意図は，デマの情報が伝搬した同じルートでデマ訂正情報を伝搬させることで効果を得ることをねらったものである．パタンBとCは，これまでも述べているように，フォロワー数の多いユーザの強い影響力を利用することをねらったものであるが，パタンBではデマの拡散に関わらないユーザへの依頼となる可能性があり，容易に依頼を引き受けてくれるかどうかわからない．一方，パタンCは，デマに関わったユーザの中から選出されることから，デマ訂正の伝搬を引き受けてくれる可能性は高いものの，パタンBほど影響力のあるユーザとなるかどうかはわからない．

　さて，読者はどのパタンが最も有効であると推察されるであろうか？　結果は図4-10のようになった．横軸が時間，縦軸がデマ訂正情報が届いたユーザ数の変化である．より早く増加することが望ましいわけだが，パタンBとCが同じような増加の仕方であることがわかった．一方，パタンAは，ランダムに起点ユーザを選択した場合と同等の増加の仕方であった．この結果からまずいえることは，自明ともいえるが，影響力の大きなユーザに情報伝搬を依頼することが重要である，ということである．ただし，パタンCでも効果があったということは，デマの拡散に寄与したユーザに限定してもよい，ということである．これは重要な知見である．やはりデマの拡散に寄与していない，すなわちデマについて知らないユーザにいきなりある情報の

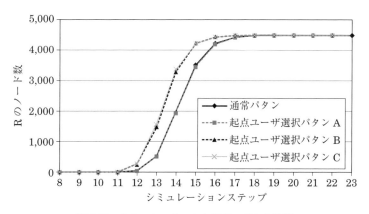

図 4-10　シミュレーションと実データとの比較

拡散を依頼するのは難しいであろう．

　また，この知見はもう1つ大きな意味を持つ．たしかに影響力の強いユーザによる情報拡散は広範囲に及ぶ可能性があるものの，「確実に」というわけではない．たとえば，昨今政治的なデモや集会といったものへの参加がTwitterで呼びかけられ，数万人もの人が集まった，といったニュースがたびたび報道される．たしかに数万人というのは多いと思われるかもしれないが，Twitterのユーザ数は，たとえば，「2015年12月時点で，1カ月間にTwitterにログインした月間アクティブユーザ数は3500万人．世界全体では3億2000万人で，約1割が日本国内からのアクセスだった．単純計算するなら日本人のうち4人に1人が，Twitterユーザーとなる数値になる」[5]という報告があるように，とんでもないユーザ数である．とすると，1万人は少ない．逆のいい方をすれば，読者の中にはこれまでにデモへの参加を促すツイートを受け取った方もいるかもしれないが，ほとんどの読者はそのような経験はないであろう．意外かもしれないが，SNSでは想像するほど情報が拡散しない，という側面もあるのだ．とすると，パタンBのようにデマの拡散に寄与しないユーザからの拡散で，それなりに拡散はするものの，デマの拡散に寄与したユーザに広く情報が届くかどうかはわからない．デマの拡散に寄与したユーザへのデマ訂正情報の拡散こそが必要であることから，パタンCの方が好ましいことが推察される．

9. さいごに

　本章では，ソーシャルメディアにおける情報拡散について考察した．インフルエンザのようなウィルスの拡散と類似しているものの，ウィルスのように感染しても自身の免疫機能で回復することがないのが大きな違いである．デマのような誤った情報に感染した人は，正しい情報をさらに知らされないかぎり回復状態に移行することはない．本章では情報拡散のピークが1つという，火災などの消火すればとりあえずの事態が収拾するといった，情報の鮮度が短いタイプに関するデマの拡散を取り上げ，シミュレーションによ

る再現が可能であることを示した．そして，病気の感染モデルに基づく情報拡散モデルにおいて，どのようなユーザをデマ訂正情報発信の起点とすればよいかの指針を示した．

　本章で述べたように，今回取り上げたデマは再現が容易なタイプであり，節電デマのように何回もピークが訪れるようなデマも存在する．また，人がどのように情報を理解し，人に伝えようとするのか，という人の内面のモデル化についてもさまざまな提案がされている．本章を出発点として，情報拡散についてより深く探求されることを期待する．

第5章

人工社会が予測する都市の動態

倉橋 節也

1. はじめに

　私たちが住んでいる街は，どのような形をしているだろうか．古くは，城壁に囲まれた要塞のような形状をした街もあった．あるいは，神社や寺院を中心とした賑わいのある街もあった．現代の街はどうだろうか．鉄道駅を中心として，同心円状に商店街や住居が広がっている街が多く見られるだろう．筆者の住む街も同様に，都心から鉄道で30分ほどの距離にある郊外型の街で，駅を中心にいくつかの商店街が放射状に延び，その周りを住宅街が取り囲んでいる．そしてさらにその周辺には，自動車利用を前提とした住居と農地が延々と続いている．

　このような現象を，手足をだらりと伸ばしたような，まとまりなく広がるという意味でスプロール現象と呼ぶ場合がある．この形状をした街並みは決して特殊なものではなく，現在では日本の多くの都市や街に見られる一般的な景観となっている．一方で，米国などでは，人種によって住む街が異なるような現象が見られる．中流階級の白人ばかりが住む街や，低所得者のカラードが住む街が，歴然と分かれていたりする．日本でも，高級住宅地とそれ以外で街並みがガラリと異なる地域も多い．

では，これらの街並みは，どのようにして成立したのだろうか．建築学，都市工学，文化人類学，社会学など，多くの科学がこの問題に取り組んできた．それぞれに妥当性があり，説得力があるが，限界も指摘されてきた．ミクロモデルとしてのマルチエージェントモデルも，この課題に対してさまざまな角度からアプローチをしてきている．

　ここで，マルチエージェントモデルと書いたが，それには主に2つの分野がある．エージェントの本来の定義は，感覚器を使って環境を知覚し，それに基づいて何かしらの処理や意思決定を行い，効果器を通して行動する主体とされる．これは，環境を観測して得られた情報に基づき行動する処理系であるといえる．それをマルチエージェントというかたちで複数に拡張していったときに何ができるかという視点で，主に2つのアプローチに分かれてきた．ひとつは設計指向を持った工学的アプローチである．人工的につくられたシステムの全体目標を達成するために，複数のエージェント間のインタラクションを通して問題解決，調整を行う，オークションや協調ロボットなどである．もうひとつのアプローチが，社会科学的マルチエージェントモデルである．これは，分析的指向あるいは社会科学的な視点で，複数のエージェント間のインタラクションを通して複雑社会システムの現象を理解し制度設計をするというものであり，生成的社会科学といわれている．このように，マルチエージェントモデルには，工学的アプローチと社会科学的アプローチの主に2つの分野があるが，本章ではエージェント技術を社会科学的アプローチとして用い，都市の問題を社会シミュレーションで扱った事例をいくつか紹介する．

2. 分居モデル

〔1〕シェリングのモデル

　トーマス・シェリング（Thomas C. Schelling）はゲーム理論を専門とするアメリカの経済学者である．ホワイトハウスなどで働いた後，ハーバード大学に移っていた彼は，1971年に数理社会学の科学雑誌『Journal of

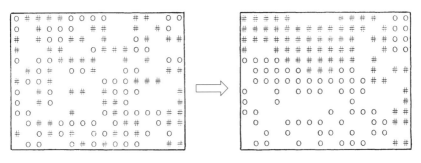

図 5-1 シェリングの分居モデル（出典：[1]）

Mathematical Sociology』に,「Dynamic Models of Segregation」（分居の動学モデル）という題名の論文[1]を書いた[1]. このモデルは, 13 行 16 列の 208 セル上に 69 個のペニーコインと同数のニッケルコインの 2 種類を使って, 分居がどのように発生するのかを示すものであった. ゲームは非常に簡単で, 各コインは, 上下左右斜めの 8 近傍のコインが自分と同じ種類かどうかを見て, その割合が許容範囲（この実験では半分）を下回っていたら, 別の場所へ移動（転居）するルールであった. 言い換えれば, 8 近傍のうち 3 個までは別の色のコインでもよいとするルールであった. しかし実験結果は, 図 5-1 の左図のようなランダムにコインが置かれた初期状態から, 右図のようなほぼ完全に分居が進んだ平衡状態へ移行することを示した. 彼は論文の中で, 分居は, 人種だけではなく, 性別, 国籍, 年齢などにも影響されることを指摘し, このモデルの汎用性を述べている. その後 2005 年に, 彼はこれらの功績からノーベル経済学賞を受賞した.

シェリングのモデルでは, 近隣住民の異質性に対する不寛容度やコインの数を自由に変更することは容易ではなかったが, 近年コンピュータを使ったエージェントベースモデルの登場により, 実験の自由度は飛躍的に向上することとなった.

〔2〕 マルチエージェントモデル開発環境 NetLogo

　マルチエージェントモデル開発環境 NetLogo[2] は，1960 年代に米国の人工知能研究者らによって LISP で開発された教育用のプログラミング言語 Logo にその起源を持つ．比較的小規模なモデル構築に適しており，主に社会科学系の研究者や実務家が多く利用しているのが特徴である．子どもがこのプログラムで遊べるように，タートルと呼ばれる亀の形状をしたアイコンが画面上で動くグラフィックスを採用したこともあり，プログラミングには馴染みの薄い社会科学系の研究者にもその利用が広がり，現在最も多くの利用者を持つ開発環境のひとつとなっている．NetLogo のマニュアルや開発環境は英語だが，多くのサンプルモデルがフリーで入手可能であり，それらを利用することで迅速なモデル構築ができるメリットがある．最近では日本語のマニュアルが公開[3] されてきており，初学者のハードルは低くなってきている．

〔3〕 エージェントベース分居モデル

　マルチエージェントモデル開発環境 NetLogo を使用して，シェリングの分居モデルを構築・実行した様子を示す．このモデルは，エージェントが 2,000 名とシェリングの約 15 倍となっており，住民の種類数や不寛容度も自由に設定ができる．図 5-2 は，住民種類数を 3，不寛容度を 60％に設定し，転居を繰り返した結果 117 回目で安定したときの分居状況である．図の左側にはボタンやスライダーが配置され，住民数，不寛容度などが設定でき，プロットエリアでは近隣類似度や住民の幸福度の変化を見ることができる．右のシミュレーション結果の表示エリアには，3 種類（白，薄いグレー，濃いグレー）の住民の分居状況がわかる．住民が居住可能なセルは 50 行 50 列の合計 2500 セルあるので，500 セルが転居可能な空き地（黒）となっている．左上のプロットからは，近隣類似度が時間変化とともに増加しているのがわかる．

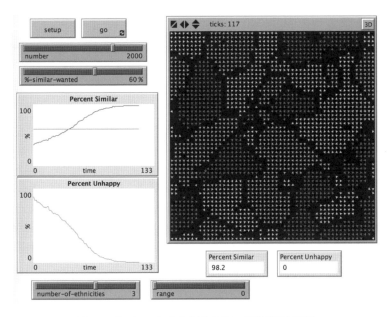

図 5-2　NetLogo による分居モデル（不寛容度 60％）

〔4〕不寛容度の影響

　それでは，不寛容度がどのように分居に影響を与えるのかを見てみよう．住民は 2 種類とし，不寛容度を 0％から 70％まで変化させてみる．ここでの不寛容度とは，向こう 3 軒両隣と裏手 3 軒の近隣 8 軒の住民が，自分と同じ「色」(人種，民族，年齢，好み，所得水準など) であることを好む率である．たとえば，不寛容度が 60％であれば，近隣の 5 軒以上が同じ「色」ではない場合，転居を望むことを意味する．実験において注意することは，シミュレーション結果が必ずしも常に同じになるとはかぎらない点にある．これはさまざまな初期値が乱数によって設定されることによるもので，このモデルでは 2,000 名の住民の初期配置と住民種類の決定が乱数で決定される．また，各住民が転居を判断し必要に応じて実行する順番や転居先も乱数で決まる．このように，初期値が異なることで結果が等しくならないことから，この実験では各 10 回の実行結果を平均して近隣の類似度を計算するこ

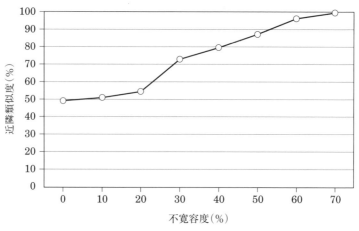

図 5-3 不寛容度を変化させたときの近隣類似度

ととする．図 5-3 に実験結果を示す．

　横軸は住民の不寛容度を表し，縦軸は 8 近傍の近隣住民と自分の色が同じ割合を全住民で平均した近隣類似度を表している．不寛容度が 0％のときは，近隣住民がどのような種類であっても受け入れるため，近隣類似度の平均はほぼ 50％となっていることがわかる．不寛容度が増加するにつれ，近隣類似度も増加し，不寛容度が 50％で近隣類似度は 87％，不寛容度が 70％に達した時点で，近隣類似度はほぼ 100％となっている．直感的には，不寛容度と近隣類似度は線形に比例するように思われるかもしれないが，この実験結果は不寛容度の少しの変化が近隣類似度を大きく増加させ，分居が急速に進むことを示している．

〔5〕多様性の影響

　続いて住民の多様性の変化による影響を見てみる．シェリングのモデルでは不寛容度は全住民で同じ値を取るものとしていた．しかしこれは現実を少し単純化しすぎているかもしれない．異質性に対して寛容な人もいるだろうし，極端に不寛容な人もいるかもしれない．意見や好みの多様性を受け入れるのが民主主義であるとしたら，このモデルでも多様な意見を持つように住

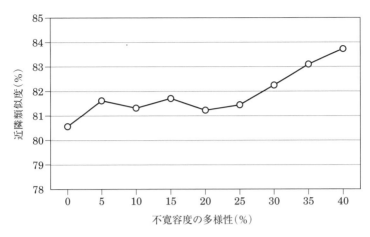

図 5-4 不寛容度の多様性を 0 〜 40％まで変化させたときの近隣類似度の変化

民の不寛容度を定義してもいいかもしれない．そこで，次のように不寛容度の設定を変えてみる．不寛容度を it，多様性を d としたとき，$[it-d, it+d]$ の範囲で，各住民の不寛容度が一様分布でばらつくようにする．たとえば，it が 40 で d が 10 であれば，30％から 50％の範囲で各住民の不寛容度がランダムに設定されることになる．この設定で不寛容度 it を 40％とし，多様性 d を 0％から 40％まで変化させた実験を行った．図 5-4 にその結果を示す．

横軸は住民の不寛容度の多様性を表し，縦軸は近隣類似度を表す．多様性が 0％のときは，約 80.5％の近隣類似度となっているが，多様性が増加するにつれて近隣類似度は変化しながら徐々に増加し，25％を超えると急激に近隣類似度が増えていくのがわかる．この結果は予想外である．多様性の増加により，分居が緩和されることが予想されたのだが，結果は逆に分居を促進することになってしまっている．極端に不寛容な住民が最後まで転居を繰り返すことにより分居が進んだと思われるが，そのメカニズムはさらに検証が必要であろう[2]．

以上のように，分居のモデルは都市の動態を表す初期の研究ではあるが，単純な設定のもとに複雑な現象が現れる社会シミュレーションの興味深い事例として，いまでも多くの人を魅了している．

3. 賑わいが街を変える

〔1〕中心市街地の衰退とコンパクトシティ

　前世紀からの急速な都市化は，都市構造の劇的な変化をもたらしてきた．戦前戦後を通して，鉄道やバスといった公共交通機関の普及に伴い，大都市周縁部には通勤・通学を前提としたベッドタウンが開発され，鉄道駅を中心とした商店街や住宅地が発展してきた．その後，自動車を主な交通手段とするようなライフスタイルの変化によって，鉄道駅を基本とした中心市街地は徐々に衰退し，低密度の市街地が周辺部に拡大し現在に至っている．このスプロール現象は，大都市周辺のみならず多くの地方都市でも同様であり，日本のどこに行っても同じような街並みと，郊外のスーパーマーケットに多くの自動車が駐車している様子を見ることができる．その一方で，中心市街地の衰退は進展し，シャッター通りといわれる日中でも閑散とした商店街が生活の利便性や従来の地域コミュニティの喪失につながり，社会問題ともなっている．今後，人口減少や少子高齢化がさらに進むと，こうした問題はさらに深刻さを増し，消滅可能性自治体が全国で 900 近くもあるとの報告がなされる事態となっている [4]．

　これらへの対策のひとつとして，コンパクトシティへの転換が模索されている．しかし私たちの生活する街は，企業や商店街，住居，公共施設など，さまざまな社会への参加主体による自律した意思決定と活動によって，ボトムアップ式に生成されきた社会システムのひとつである．強制的な転居や商店街の再構築，企業の移転などは，強大な国家の力をもってしても大きな困難と膨大なコストが伴うであろうし，たとえそのようなことを計画したとしても，過去の強制的な空港建設や道路建設などがその後の社会に与えた負の影響を考えたとき，もはや民主主義国家において同様な計画の実現は不可能であろう．先の大震災においても，以前に津波で繰り返し被害を受けてきた地域では，新たな家屋の建設を禁止する伝承や条例があったにも関わらず，年月を経るにつれ住民たちの利便の追求の前に形骸化されてしまったことも記憶に新しい．

〔2〕 都市問題の研究

そこで，「上から目線」ではなく自律した住民や企業といった社会主体の行動を，ソフトな誘導によって都市構造を間接的に望ましい方向へと促す可能性を，エージェントベースモデルによる社会シミュレーションで構築し実験した結果を紹介する [5]．都市問題に対する政策を評価するために実際の都市で実験を行うことは，多大な費用と時間を必要とし，また失敗が許されないことから，その実行は実質的に不可能である．しかし社会シミュレーションであれば，条件を細かく変更しながら何回でも実験を繰り返すことができ，都市問題のように個々の行動主体と環境との相互作用によって発生する複雑な現象に対して，その政策効果の測定・評価への貢献が期待されている．

これまでに，都市のコンパクト化とモビリティマネジメントを協調させることの必要性 [6] や，自動車依存の低減化を目指すことで都市が自ずとコンパクトなものへと変容する可能性 [7]，地価や就業地までの距離を考慮して居住ゾーンを選択する土地利用 [8] など，いくつかの重要な研究がなされてきた．また，自動車利用を抑制するソフト施策が，住民の交通行動選択と住居選択を介して都市構造を変化させていくことを，社会シミュレーションで示した研究もある [9]．これらの成果を踏まえて，本研究では適度に抽象化した都市モデルを構築し，誰もが気軽に立ち寄れる施設や街路といったインフォーマルな公共空間が，どのように街並みを変容させていくのかを実験することを目的としてモデル化を行った．ここでのインフォーマルな公共空間とは，図書館や美術館などの自治体などによって運営されるものであり，また民間による商業施設，たとえば劇場や映画館，ショッピングモール，あるいは PFI（Private Finance Initiative；民間資金活用）や PPP（Public–Private Partnership；官民パートナーシップ）のスキームによる公民連携の施設など，さまざまなものを想定している．

〔3〕 エージェントベース都市動態モデル

図 5-5 の基本都市モデルは，中心都市とその周囲の鉄道沿線のベッドタウンの関係を簡略化して表現したものであり，各住民エージェントの日々の通

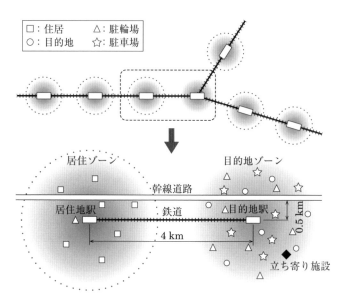

図 5-5　基本都市モデル

勤・通学に対応した交通行動の起点・終点となる居住ゾーンと，折り返し地点としての勤務先・学校がある目的地ゾーンから成る．それぞれの中心部は東西に 4 km 離れており，中央に駅が配置され，その間に鉄道が敷設される．また鉄道の 500 m 北側には幹線道路が敷設される．住民エージェントは徒歩，自転車，鉄道，自動車での移動によりこの空間を自由に移動でき，目的地には駐車場や駐輪場も十分なスペースで配置される．

住民エージェントは，毎日選択された目的トリップ[3]に従って通勤・通学を想定した交通行動を繰り返す．目的トリップの代表交通手段は，徒歩，自転車，鉄道，自動車の 4 種類で，それらの組み合わせで 8 種類のトリップが想定される．たとえば，徒歩と鉄道であれば，「自宅→徒歩→A 駅→鉄道→B 駅→徒歩→職場→徒歩→立ち寄り施設→徒歩→B 駅→鉄道→A 駅→徒歩→自宅」などとなる．

住民エージェントが毎日の交通行動を少しずつ変えて施行することを通し

て，コストが最も安い交通行動選択へ収束させる．コストは，交通費に加えて徒歩や自転車による肉体的な疲労度や，渋滞待ちのような精神的な疲労度も含む総コストを考える．一定期間で交通行動が収束した後，全体からランダムに選択された1/10の住民エージェントは，より望ましい住居を求めて転居先を探索する．新たな住居の選択は総生活コストに基づいて行われる．住居の変更を希望する住民エージェントには，その時点での全住居の分布から大きく外れない範囲内で，新たな住居の候補地が各々ランダムに10か所提示される．各住民エージェントは，これらの住居からの通勤・通学を試行した後，総生活コストが最小となる候補地を新たな住居として選択する．そしてこの住居選択サイクルを複数回繰り返した後に，都市の変容状態を観察する．

　次に「賑わい」施設への立ち寄りをモデル化する．ジェイン・ジェイコブズ（Jane B. Jacobs）[10] は，公共街路的空間に沿って相当数の店舗や公共の場所が散在していれば，人々がそこを楽しみながら自発的に利用することで，無意識のふれあいや見守りのネットワークが形成され，それが都市の公共空間における平穏をもたらすことを指摘している．この考えを取り入れることで，「賑わい」をモデル化する．目的地ゾーンの内部に，図書館や商業施設のような人々が繰り返し立ち寄る施設を1か所配置する．その施設の位置は，A：施設なし，B：目的地駅から北0.5 km，東2 kmの郊外の幹線道路沿い，C：目的地駅から南2 km，東0.5 kmの郊外，D：目的地駅と同位置，E：目的地駅から南0.5 km，東0.5 kmの駅近傍，の4か所である．また，施設周辺街路の魅力を増すための「賑わい」促進施策の強度を4レベル設定する．住民エージェントは，この「賑わい」エリア内に徒歩あるいは自転車で入ると，周囲の住人数と「賑わい」促進レベルに比例して，「賑わい」ボーナスを受け取ることができる．

〔4〕実験結果

　最初に基本実験として，賑わい施設がない状態Aとして，住民の自律的な交通行動選択と転居を繰り返し実行した結果を図5-6に示す．

図 5-6 の上図は住宅地（左）と目的地（右）の初期配置を表している．目的地は固定されているが，住民は転居を繰り返し住宅地は徐々に変化していく．下図は 20 回転居を繰り返したときの住居の分布を示し，住民の大多数が住居ゾーンを離れ，目的地ゾーンの中心部から周辺までスプロール化が著しく進んでいることがわかる．このときの代表交通手段は自動車が 90％を占め，鉄道は 5％以下となっている．

　次に，立ち寄りと「賑わい」を考慮した実験を行った．ここでのシナリオは施設配置が B，C，D，E の 4 か所，「賑わい」促進施策の強度が 0 から 30 まで 4 レベルの合計 16 シナリオである．図 5-7 に実験結果を示す．施設配置 B，C では，「賑わい」施策の強度を 4 レベルに強くしないと，鉄道利用への転換が進まない．駅と同じ場所に施設を配置する D では，自動車利

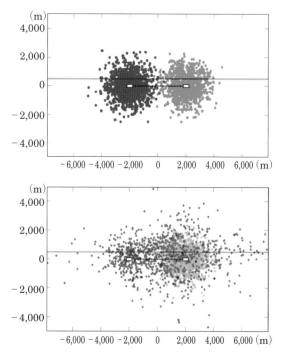

図 5-6　住宅地と目的地の住居分布変化（上図：初期配置，下図：施設なし結果）

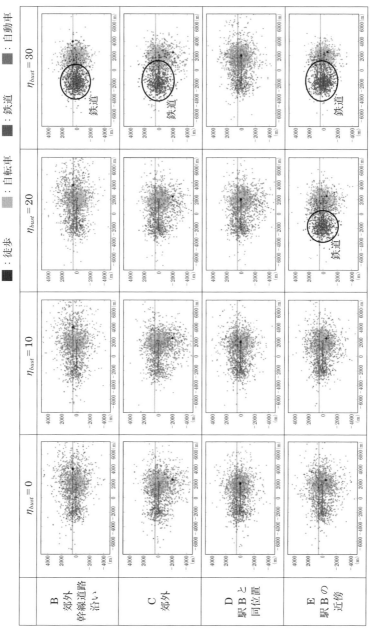

図 5-7 立ち寄りと賑わいを考慮した実験結果

3. 賑わいが街を変える 81

用に固定されたままである。一方で、駅から500mほど離れた場所に施設を配置するEでは、相対的に少ない「賑わい」施策でも鉄道利用への転換が進み、都市のスプロール化も抑制されている。駅から500mという絶妙な距離が、徒歩や自転車による「賑わい」を生み出し、コンパクトシティをボトムアップに実現していることがわかる。

4. まとめ

本章では都市や街の変化を社会シミュレーションで予測する研究事例を紹介した。シェリングの実験は単純なモデルであっても、分居という現在でも深刻な課題となっている世界の都市化現象のひとつを見事に再現できることを示した。また、住民の寛容度に対する多様性が必ずしも分居を抑制することにつながらないことを示した。「賑わい」施設に焦点を当てた研究では、立ち寄り施設の配置とその魅力度が住民の交通行動を変え、街並みを大きく変容させることを示した。このように、実験が困難な社会的課題に対して社会シミュレーションは有効な解決を提示することができ、今後もこのような対象領域が増加していくだろう。

第6章

シミュレーション技術を応用した 3次元文化財の透視可視化

田中 覚

1. 3次元文化財のデジタル保存

　本章のテーマは「可視化」である．とくに，歴史的建造物や伝統的祭りの山車などの3次元文化財，すなわち立体構造を有する文化財を，コンピュータが作る仮想空間内でわかりやすく見せる技術を解説する．いま，仮想空間内で「見せる」と書いた．では，現実の空間内での「見える」とは，そもそもどういうことだろうか．それは，ある種の物理現象である．すなわち，太陽光などの光が3次元的なモノの表面で反射し，その反射光が人間の目に飛び込んで網膜細胞を刺激し，脳内に映像が結ばれるという現象である．可視化とは，この物理現象をコンピュータ・シミュレーションによって仮想的に再現することにほかならない．すなわち本章のテーマは，コンピュータ・シミュレーションによって3次元文化財をわかりやすく見せることである．ただし，シミュレーションのやり方を工夫することで，現実世界とは異なる，コンピュータならではの見せ方を追究する．それは「透視可視化」である．3次元的文化財を仮想的に半透明化して見せることで，我々は，複雑な内部立体構造を容易に把握できるようになる．

　世界遺産，日本遺産なども含め，国内外には貴重な3次元文化財が多数

存在する．これらの情報，とくに立体形状の情報を，最新の3次元計測技術と情報技術を用いて正確にデジタル保存し後世に伝えようという試みが，多数行われている．この傾向の背景にあるのは近年の急速な3次元計測技術の発達である．3次元計測には，大きく分けてレーザ光線を使った「レーザ計測」とデジタル・カメラを用いた「写真計測」の2種類がある．どちらもこの10年で劇的に性能が向上し，計測対象によってはミリ単位の精度が得られている．さらに，UAV（Unmanned Aerial Vehicle）あるいはドローンと呼ばれる無人飛行機の普及により，人が容易に立ち入れない場所にある3次元遺跡の計測も可能になった．3次元計測技術は現在でもホットな研究領域であり，今後，さらに技術革新が進むと思われる．2016年7月にプラハで行われた，3次元計測に関する世界最大の国際会議 第23回 ISPRS コングレスでは，世界88カ国から2千人以上の参加者があり，約1週間にわたって活発な討議がなされた．

　さて，3次元計測で取得されたデータは，多数の3次元的な点の集合となる．これを「ポイント・クラウド」（点の雲）と呼ぶ．レーザ計測の場合には，レーザ・ビームを計測対象のあらゆる箇所に当てる．そして当たった点の位置座標の集合をポイント・クラウドとして保存する．写真計測の原理はこれとは異なるが，得られるデータはやはりポイント・クラウドである．こうして得られるポイント・クラウドは，多くの場合，大規模データである．大規模遺跡の計測などでは，しばしば，数千万点から数億点規模のポイント・クラウドが得られる．たとえば，近年行われたレーザ計測では，ケントカウエス女王墓（エジプト）で3億点，マチュピチュ（ペルー）で3億点，ハギアソフィア大聖堂（トルコ）で9億点のポイント・クラウドが得られている．このようなポイント・クラウドの特徴は，そのデータの巨大さだけでなく，データが記述する3次元形状の複雑さにもある．たとえば，最近の3次元計測技術を用いれば，建造物の外側と内側を別々に計測し，あとから両者の計測データを合成して，建物全体の完全な3次元構造を記述するポイント・クラウドを構成することも容易である．このようなポイント・クラウドは，建物の外形だけでなく内部の各部屋の構造や付属物をも記述する複雑なもの

となる．これを我々が歴史や建築の研究に使ったり鑑賞したりするためには，レントゲン写真のように内部を透視して見ることができる「透視可視化」が有効である．以下では，このような目的での透視可視化について，我々の最近の研究成果を中心に紹介したい．

2. 半透明物体のシミュレーションと透視可視化

コンピュータによる透視可視化は，どのようなアルゴリズムによって実現されるのであろうか．現実世界における色付きガラスなどの半透明物体は，光と物質の物理的な性質によって半透明に見えている．この物理的な性質をコンピュータ内でモデル化してシミュレーションを行えば，半透明可視化すなわち透視可視化を行える．ただし，現在の主要な透視可視化の手法は，必ずしも現実世界を模したものではない．そのシミュレーションは，「デプス・ソート」という現実世界にはない計算処理に大きく依存している．読者は意外に思われるかもしれないが，3次元的な物体の内部構造を透視して描く透視可視化は，これを高速かつ精密に行おうとするならば，現在の情報技術（とくにコンピュータ・グラフィックス技術）をもってしても，なかなか難しいことなのである．これは，とくに，大規模データや複雑形状を記録したデータの可視化において顕著に表れる．その原因のほとんどは，実は「デプス・ソート」という計算処理に起因しているのである．

ここで，デプス・ソートについて説明しよう．透視可視化では，視点から遠くにある物体ほどぼんやりと，逆に近くにある物体ほどはっきりと描かねばならない．さもないと生成画像に奥行き感が得られず，描かれた各物体のどれが遠くにあってどれが近くにあるかがわからなくなってしまう．そのため，従来の透視可視化では，描画を行う前にデプス・ソートという前処理を行う．つまり，描かれるべき各物体を，その位置によって，視線に沿って遠くから近くに並べて順番を付けるのである．この順番付けがデプス・ソートである．デプスとは深さ，つまり視点からの距離のことであり，ソートとは並べ替え，つまり番号付けのことである．従来の透視可視化では，デプス・

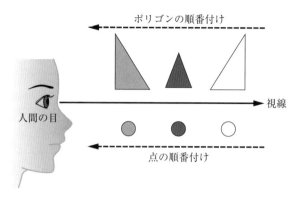

図 6-1　ポリゴンと点のデプス・ソート

ソートを行った後，付けられた順番に従って（つまり遠くにある物体から近くにある物体に向けて順番に），半透明化した物体を次々に重ね描きしていく．こうすることで，生成画像に自然な奥行き感が得られるようになる．コンピュータによる可視化では，ポリゴン単位や点単位で描画が行われるため，実際は，物体ではなくポリゴンや点がデプス・ソートの対象となる（図6-1）．

　デプス・ソートは現実世界では起こりえないことである．人間が半透明物体を見ようと思った瞬間に，その半透明物体の構成部品を奥から手前に並べ変えるなどという処理を自然（あるいは神様？）が行うはずがない．そもそも，半透明物体を右側から見る人に対しては，左から右に並べ替えが行われねばならないが，同じ半透明物体を左から見た場合には，逆に右から左に並べ変えが行われねばならない．では，2人が同時に右側と左側から見たらどうなるか．これには神様も困ってしまうだろう．このように，デプス・ソートは現実世界のモデル化の一種ではあるが，自然界を支配する物理現象をそのまま模したものではない．

　上で説明したデプス・ソートは，大規模な物体や複雑な形状を有する物体の透視可視化には不向きである．大規模さと形状の複雑さが，それぞれ問題を引き起こすからである．まず，大規模さが引き起こす問題について説明す

る．問題なのはデプス・ソートに要する計算時間が大きいことである．ソート（並べ替え）のアルゴリズムの中で最も高速といわれるクイック・ソートでさえ，平均的な計算時間は，並べ替える要素（ポリゴンや点）の数を n として，$n \log n$ に比例して急速に増大することが知られている．3次元計測で得られるポイント・クラウドを構成する点の数は，前述のように膨大である．したがって，マウスでカメラアングルを対話的に変えられるなどの実用的なソフトウェアの実現という観点から見れば，デプス・ソートはまったく非現実的である．次に，形状の複雑さが引き起こす問題について説明しよう．たとえば，多数の半透明部品を組み合わせて大きな構造物が作られているとする．部品同士が接する境界面では2つの面が重なっている．さて，接する2つの半透明部品の一方が赤色で，もう一方が青色だとしよう．この場合，接する境界面は何色に描かれるべきであろうか．単純に考えれば，赤色と青色の中間色である紫色がよさそうである．しかし本当にそうだろうか．現実世界では，物理学的にいえば，赤色部品とは白色光が入射したら赤色光のみが反射されるような部品である．同様に，青色部品は青色光のみが反射されるような部品である．両者がひとつの境界面を完全に共有して接しているとき，赤色あるいは青色の半透明部品に入射した白色光は，境界面でどのように反射されるのだろうか．いや，そもそも物理的な実在としての2つの部品は，分子スケールで見て，ひとつの境界面を完全に共有できるのだろうか．このように考えていくと悩みは尽きない．この悩みをデプス・ソートに関連して説明し直すと，「順番付けの結果がひとつに定まらない」ということになる．実際，赤い部品の境界面を構成するポリゴン（あるいは点）と青い部品を構成するポリゴン（あるいは点）は，完全に重なっているので，どちらが視点に近いかの順番付けはできない．このため，デプス・ソートを使った透視可視化手法では，境界面を描く際には赤色と青色が不規則に混ざって描かれることになる．たとえば，図6-2のような縞模様が描かれてしまう（印刷の都合で，赤青ではなくグレースケールの濃淡で縞模様を表している）．これは明らかにおかしい．デプス・ソートに基づく透視可視化は，モデル化とシミュレーションのうち，モデル化の部分が不完全なのである．

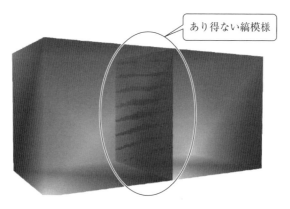

図 6-2 デプス・ソートの不定性に起因する境界面色の不具合

　そこで我々は，現実世界つまり自然界の半透明物体が透けて見える原理により忠実に従ってモデリングとシミュレーションを行う可視化手法を提案している [1]．我々の手法の概念を紹介しよう．簡単のため，半透明物体が多数の発光粒子の集合から構成されているとする（本来は各粒子に当たる入射光に対する反射光を考えるべきであるが，これを簡略化する．粒子から光が発せられることには違いないので，この簡略化は本質的な変更ではなく計算処理の単純化にすぎない）．さて，各粒子から発せられた光は，ある場合には人間の目に到達するが，ある場合には別の粒子に遮られて目には到達しないであろう（図 6-3）．半透明物体を構成する任意の粒子から発せられた光が人間の目に到達するかどうかは予想しようがないので，これは確率現象と捉えるべきである．つまり，半透明物体を構成する各粒子から発せられた光は，ある確率でのみ目に到達する．この確率を適切に設定して光が目に到達する量の期待値を計算すれば，見える（光が目に到達する）場合と見えない（光が目に到達しない）場合の両者が平均され，「半分見える」状態の絵，つまり半透明可視化（透視可視化）を行うことができる．筆者の専門外なので断言できないが，人間の目の中では，ごく短時間の間にこのような平均処理が行われ，物体の半透明性を脳が認識するのであろう．以上の状況を，コンピュータによるシミュレーションで再現しようというのが，我々の手法「確

第 6 章　シミュレーション技術を応用した 3 次元文化財の透視可視化

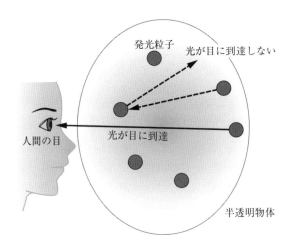

図 6-3　半透明物体のモデル化（発光粒子モデル）

率的ポイント・レンダリング」の考え方である．このシミュレーションは乱数を使った確率的な計算であり，デプス・ソートの処理をまったく含んでいないことに注意してほしい．デプス・ソートを確率的な処理に置き換えているといえる．

3. 透視可視化の事例紹介

　それでは，計測データを基にした3次元文化財の精密な透視可視化の事例を紹介しよう．透視可視化には，前節で述べた確率的ポイント・レンダリングを用いる．3次元文化財を現地以外の場所で観察・分析するための従来の方法，たとえば，文書，写真，ビデオ，立体模型，写実的コンピュータ・グラフィックスなどは，3次元文化財というモノを研究したり鑑賞したりするために，これからもなくてはならないものである．しかし筆者は，これに精密な透視可視化を加えることで，3次元文化財の鑑賞や研究のための新たなパラダイムが拓けると考えている．

〔1〕事例1：入母屋造りの古民家

　精密な透視可視化は，3次元文化財の全体構造の容易な把握・理解を可能にする．歴史的な価値のある3次元文化財は，作られた年代が古いわけであるから，設計図や構造図が存在しないのが普通である．このため，内部構造を表示する透視型の3次元コンピュータ・グラフィックスの作成には，大変な労力を要する．しかし，3次元計測データだけを用いて簡単に精密な透視可視化を行えるようになれば，この問題は直ちに解決する．また，得られた透視可視化を参照しながら，逆に設計図や構造図を作ることもでき，それらがあれば，3D CAD ソフトウェアを用いた構造の解析や，3次元プリンタによる立体模型作成も可能になる．

　我々は，滋賀県の栗東歴史民俗博物館の協力を得て，同館が保存する，幕末から明治初期に建てられた入母屋造りの古民家「旧中島家住宅」の3次元レーザ計測と可視化を行った[2]．建物の周りの6か所と各部屋の内部で1回ずつ計測を行い，各データを統合し計2千百万点のポイント・クラウドを取得した．このポイント・クラウドを用いて我々の方法で透視可視化を行った結果を図6-4に示す．内部の部屋割りなどが明瞭に視認できる．

図6-4　3次元計測データを用いた入母屋造りの古民家の透視可視化

〔2〕事例2：京都・祇園祭の山鉾

　3次元文化財のデジタル保存は，形状や色などの情報の保存，つまり「モノ」の保存だけでは不十分である．文化財のできあがるプロセス，使われ方，歴史・社会・宗教との関係などのさまざまな付加的な情報もあわせて保存してこそ，真の意味で文化財を後世に伝えることになる．このような，モノの物理的な実在に関する記述に直接関係しない関連情報を「コト」という．3次元文化財では，モノとコトの両方をあわせて保存することが大切である．そのような試みのひとつとして，我々の研究グループでは，京都の祇園祭における山鉾巡行を取り上げ，そのデジタル記録とバーチャル再現の研究を行ってきた[3]．ここでは，その研究成果の中から，透視可視化に関連したものを紹介する．

　祇園祭は単なる観光行事でもなければ，ひとつの神社のお祭りでもない．これはすでに千年の歴史を有する稀有で大規模な伝統行事であり，京都という町にとってはその歴史・文化の縮図でもある．社会，歴史，習俗・風習，宗教，芸術・芸能など，祇園祭の包摂する分野は計り知れない．よく知られているように，巡行時に町をパレードする山や鉾の懸装品（山を飾る織物など）の多くは，シルクロードを経由して遠くはペルシャなどの中東から，また中国などからも京都に伝来したものが多く，日本の国際交流の歴史の縮図でもある．

　祇園祭のハイライトは，さまざまな美術工芸品で装飾された33基の「山」あるいは「鉾」と呼ばれる山車（だし）が京都市内を巡る「山鉾巡行」である．我々は，船型のユニークな形状をした鉾として有名な「船鉾」を3次元レーザ計測し，その形状をポイント・クラウド技術によって再現・可視化することを試みた．そして，我々の精密な透視可視化の技術を用いて，船鉾の内部構造というモノと，部材から船の形を作り上げるプロセスであるコトの両方を表現することを試みた．

　山や鉾は，毎年祇園祭の期間中に部材を組み立てて作り直され，巡行が終わるとその日のうちに分解されて蔵に保管される．毎年の鉾を組み立てる作業を「鉾建て（ほこたて）」という．鉾建てには3～4日かかる．我々は，

図 6-5　祇園祭・船鉾の透視可視化

初日，2日目，3日目，4日目の朝にそれぞれ3次元レーザ計測を実行した．各計測で得られたポイント・クラウドを融合し，合計で1億7千万点からなるポイント・クラウドを生成した．これに我々の手法を適用して透視可視化を行った結果を図6-5に示す．鉾建ては，大まかにいって，下から上，中から外の方向に部材を組み上げていく．このため，完成時の状態でのレーザ計測では，初期に組み込まれた部材は，レーザ光線が届かず計測できない．しかし，このように時系列で得られた複数の計測データを融合して透視可視化すれば，鉾建ての軌跡つまり鉾建てのプロセスを表現できる．これは，鉾建てという文化行事に関するコトの可視化にほかならない．もちろん，船鉾が少しずつできあがっていく過程をスナップショット群やアニメーションで表現することもできる（図6-6）．この場合も，過去から未来に時間をたどりつつ，透視可視化によって過去を常に見せ続けることができる．

　山鉾の透視可視化の例をもうひとつ挙げておく．「八幡山」である．祇園祭の山車には「山」という種類と「鉾」という種類がある．両者の正確な違いを一言でいうのは難しいが，簡単な見分け方は，山には松の木が据え付けられていて車輪がなく，逆に鉾には松の木がなくて車輪があるということである（ただし近年では，巡行を楽に行えるように山にも目立たない小さな車

（a）1日目朝　　　　　　　　　（b）2日目朝+(a)

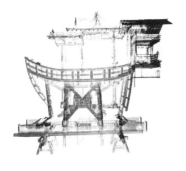

（c）3日目朝+(b)　　　　　　　（d）4日目朝+(c)

図 6-6　鉾建てのプロセスの可視化

図 6-7　祇園祭・八幡山の透視可視化

3．透視可視化の事例紹介

輪が取り付けられている)．八幡山は由緒ある山である．応仁の乱（1470年頃）以前の記録にはすでに登場している．その後，明応9年（1500年頃）や，延宝時代（1680年頃）の文献にも詳しく記載されている．八幡山保存会は，貴重な懸装品を数多く所有している．図6-7に，3次元計測で得られた2千5百万点のポイント・クラウドを用いた八幡山の透視可視化図を示す．船鉾が山鉾の中でも独自性の高い構造を有するのに対し，八幡山は，内部構造においては山の標準的な様式に準拠している．したがって，図6-7は一般的な山の内部構造可視化とみなすこともできる．

〔3〕事例3：瑞巌寺（宮城県・松島）の洞窟遺跡

現実世界では見えないモノをコンピュータによる可視化を通して見えるようにする事例として，洞窟内の遺跡を外から3次元透視した画像を紹介しよう．図6-8は宮城県・松島にある瑞巌寺（国宝・重要文化財）の洞窟遺跡の透視可視化である．利用した3次元計測データは，宮城県松島町による「松島町の文化遺産を活かした地域活性化事業」（文化庁「文化遺産を活かした地域活性化事業」に採択）の中で，立命館大学アート・リサーチセンターの山口欧志博士（現・奈良文化財研究所）が実施し，我々が計測データの提供を受けたものである．図6-8を見ると，境内の凝灰岩の岩壁をくり抜いた石

図6-8 瑞巌寺（宮城県・松島）の洞窟遺跡の透視可視化

室群の配置や，その中に多数の掘られた石仏が配されている様子がよくわかる．計測技術の発展で，地下遺跡の計測がヨーロッパの古代遺跡などでも盛んに行われるようになってきている．このような見えないモノを「見える化」する可視化は，今後ますます重要になってくるであろう．

4. 3次元計測に基づく仮想都市空間の構築と社会シミュレーション

3次元計測の対象は，もちろん，文化遺跡だけではない．最近は，車にレーザ計測装置を搭載して都市の町並みを広範囲に計測するMMS（モービル・マッピング・システム）の技術も急速に発達している．都市空間を，地上と地下，屋内と屋外を問わずすべて計測し，それでも計測できない部分を設計ソフトウェアなどで補えば，ひとつの都市全体を仮想的にコンピュータ内部に再現することができる．この仮想都市で，さまざまな社会シミュレーションも行えるようになるだろう．たとえば，祇園祭全体をコンピュータ内の仮想空間で行うこともできる．コンピュータの中ならば，たとえば，戦前や江戸時代の祇園祭や未来都市における祭りを，さまざまなシミュレーションによって再現・予想・検討する実験も行えるだろう．それ以外にも，車の自動運転のシミュレーション，都市防災シミュレーションなど，3次元計測によって精密に再現される仮想都市空間の応用の可能性はきわめて広い．そして，そのような試みの一部は，すでに始まっている．

謝辞

3次元計測と透視画像作成に御協力いただいた栗東歴史民俗博物館，公益財団法人祇園祭船鉾保存会，公益財団法人八幡山保存会，松島町，瑞巌寺，立命館大学アート・リサーチセンター，大手前大学の岡本篤志先生，奈良文化財研究所の山口欧志博士，立命館大学の長谷川恭子博士，そして，岡本直也君，梁井脩君をはじめとする筆者の研究室の大学院生の皆さんに感謝いたします．

あとがき

「シミュレーション」とは，「模擬」「模倣」という意味だが，そもそも「模擬」「模倣」は人間や社会や文化にとって根源的な意味を持つ.

進化学者の R. ドーキンス（R. Dawkins）は，環境を模擬することで将来を予測する能力によって，人間は，他の生物がなしえなかった高度な文明社会を築くことができたと論じている. また彼は，文化の伝播や差異化の現象も，「模伝子（meme）」が媒介する一種の模倣現象であるとも主張している[1].

もっと日常的にも，模倣という行為の重要性を見ることができる. ほとんどの人は，幼い頃，ままごとやヒーローごっこのような「ごっこ遊び」をした経験があるだろう. 社会心理学者のミード（G. H. Mead）は，子どもの発達において自己意識を獲得する過程をプレイ期とゲーム期に分け，プレイ期を「ごっこ遊びによって自分の社会に属する人々の役割を獲得する」[2]（訳書 p. 60）時期とし，しかもここにみられる模倣は単なる模倣ではなく，「人は自分が他者に呼び起こす反応と同じ反応を自分の内に引き起こすか，引き起こす傾向がある」[2]（訳書 p. 61）としている. つまり，ほとんど白紙の状態で生まれる乳児が，少しずつ周囲の状況を理解し，社会の一員としての振る舞い方を身に付けていく過程には，「模倣」が重要な役割を果たすのである.

大人になっても，テレビで，映画で，劇場で，私たちはさまざまな演劇を楽しむ. 「演劇」もまた「ごっこ遊び」の一種であり，現実（あるいは空想上）の出来事の「模擬」である. そして，「演劇」はたしかに「娯楽」と認識されているけれど，同時にそれは，人間関係や社会のあり方についての理解や学びの手段ともなっていることも事実である.

さらに，社会学者ゴッフマン（E. Goffman）は，日常的な人びととの相互行為をドラマトゥルギー・モデルによって定式化した[3]．すなわち，人びとは日常的な場面においても，舞台に上がった俳優たちのように，シナリオのない劇を，与えられた役割と相互の駆け引きによってうまく演じなければならないのである．

結局，人間社会とは「模擬」（シミュレーション）によって生成され，「模擬」として構成され，「模擬」として運用される営みであるとみなすことができる．であるとするならば，本書で考えてきた「社会シミュレーション」とは，このような「模擬としての社会」を改めて客体化し，具象化し，進化させようとするものであると言えるかもしれない．それも，「コンピュータ」という，いわば人間の脳のシミュレーションを媒介とすることによって．

その意味で，PC が一般に普及しはじめた 1980 年代から，「ごっこ遊び」をコンピュータ化したロールプレイングゲーム（RPG）やシミュレーションゲームが，子どもから大人までを巻き込んだ爆発的なブームを引き起こしたことは，大変興味深い[4][5]．

近い将来，ロボットや人工知能など，人間をシミュレートする人工物と人間とが共生する社会が訪れる可能性が論じられている．そのような「ポスト・ヒューマン」社会において，「社会シミュレーション」はますます多様性を増し，重要度を高めていくだろう．

本書がそんな未来の入門書となれば幸いである．

最後になったが，本シリーズの担当編集者である東京電機大学出版局編集課の坂元真理氏には，今回もたいへんお世話になった．深く感謝いたします．

2017 年 7 月

横幹〈知の統合〉シリーズ編集委員会

委員長　遠藤　薫

注

第3章

1. プログラミングとは，コンピュータ・プログラムを作成する作業（≒コーディング）のこと．

2. モデリングとは，現象に対する静的または動的な記述（表現）を作成する作業のこと．

3. 黒い白鳥は存在しないという仮説が1羽の黒い白鳥の発見により棄却される例から，稀少頻度事象の代名詞となる．

4. データ駆動型（data-driven）とは，データ分析を通じた現象理解に基づく方法論．データ分析から得られる知見に立脚して行動計画を立案するところを特徴とする．

5. データ検証（data validation）とは，データの正しさを確かめる作業．データの誤りには，大別すると3種類（記入ミス（isolated），処理ソフトウェアの誤りによる集団的誤り（collective），論理的誤り）がある。異なるデータ源間のつきあわせ，データ分析による発見的方法，はずれ値検出方法によりデータ検証は一般に行われる．

第4章

1. インターネットは元々，米軍の基地同士での安定した通信を目的として設計されたものである．基地同士を蜘蛛の巣のような複雑なネットワークで接続することで，ある回線が切断されても別の回線を使って通信を安定して継続できることが求められた．この特性は現在のインターネットにおいても維持されており，震災においてその能力の高さが改めて認識された．

第5章

1. シェリングの論文投稿の前に，同じジャーナルへもうひとりの研究者が同様の
   テーマで論文を投稿している．James M. Sakoda という日系人による，"The
   Checkerboard Model of Social Interaction" という論文である．彼はシェリン
   グと異なり，コンピュータ・プログラムでの実験例も掲載しており，実質的に
   Sakoda の方が先にこの研究を発表したという意見もある．

2. 不寛容度を30％に設定し，不寛容度の多様性を0％から30％まで変化させたと
   きは，多様性が5％のときに近隣類似度は最小となり，徐々に増加していくが，
   30％になっても近隣類似度は多様性がない状態よりも小さくなっている．この
   ように，エージェントモデルを用いた場合，必ずしも現象が線形に現れることは
   なく，複雑な様相を示す場合が多い．

3. 出発地から最終目的地へ到着するまでの一連の交通行動を目的トリップと呼ぶ．
   目的トリップの構成要素となる各交通手段のトリップを手段トリップと呼ぶ．ま
   た，手段トリップの中で最も代表的な交通手段を，その目的トリップの代表交通
   手段と呼ぶ．

注　　*99*

参考文献

はじめに

[1] Rapoport, Anatol, "Various Meaning of 'Theory'", *American Political Review*, Vol. LII, pp. 972-988, The American Political Science Association, 1958（吉村融訳「〈理論〉の様々な意味について」清水幾太郎編訳『社会科学におけるシミュレーション』日本評論社，1965 所収）.

[2] 遠藤薫「社会学とシミュレーション──リスク社会に対峙する文理融合のツール」『学術の動向』Vol. 17, No. 2, pp. 8-16, 2012.

第1章

[1] Meadows, D.H., Meadows, D.L., Randers, J. and Behrens III, W.W., *The Limits to Growth: A Report for THE CLUB OF ROME'S proiect on the Predicament of Mankind*, Universe Books, 1972（大来佐武郎監訳『成長の限界──ローマ・クラブ「人類の危機」レポート』ダイヤモンド社，1972）.

[2] Meadows, D. et al., *Limits to Growth: The 30-Year Update*, Earthscan, 2004（枝廣淳子訳『成長の限界　人類の選択』ダイヤモンド社，2005）.

[3] Hardin, Garrett, "The Tragedy of the Commons", *Science*, 13 Dec 1968, Vol. 162, Issue 3859, pp. 1243-1248, 1968（http://science.sciencemag.org/content/162/3859/1243）.

[4] Donald J. Trump（https://twitter.com/realDonaldTrump/status/811977223326625792）.

[5] Shelling, Thomas, *Micromotives and Macrobehavior*, W. W. Norton & Company, Inc., 2006, 1978（村井章子訳『ミクロ動機とマクロ行動』勁草書房，2016）.

[6] Maynard Smith, John, *Evolution and the Theory of Games*, Cambridge

University Press, 1982（寺本英・梯正之訳『進化とゲーム理論——闘争の論理』産業図書，1985）.

[7] Axelrod, Robert, *The Evolution of Cooperation*, Basic Books, 1984（松田裕之訳『つきあい方の科学——バクテリアから国際関係まで』ミネルヴァ書房，1998）.

[8] 山岸俊男『信頼の構造——こころと社会の進化ゲーム』東京大学出版会，1998.

[9] 山岸俊男『「日本人」という、うそ——武士道精神は日本を復活させるか』筑摩書房，2015.

[10] Livingston, S. A., and Stoll, C. S., *Simulation Games*, The Free Press, 1973.

[11] 広瀬幸雄編著『仮想世界ゲームから社会心理学を学ぶ』ナカニシヤ出版，2011.

[12] Axelrod, Robert, *The Complexity of Cooperation*, Princeton University Press, 1997（寺野隆雄監訳『対立と協調の科学——エージェント・ベース・モデルによる複雑系の解明』ダイヤモンド社，2003）.

[13] 遠藤薫「コンピュータ・シミュレーションによる社会過程モデルの構築」（東京工業大学博士論文），1993.

[14] 清水幾太郎編訳『社会科学におけるシミュレーション』日本評論社，1965.

第 2 章

[1] 寺野隆雄「なぜ社会システム分析にエージェント・ベース・モデリングが必要か」『横幹』Vol. 4, No. 2, pp. 56-62, 2010.

[2] 寺野隆雄「研究のネットワークがつながるとき（レクチャーシリーズ：「つながりが創発するイノベーション」〔第 6 回〕）」『人工知能』Vol. 31, No. 2, pp. 287-298, 2016.

[3] 濱野智史『アーキテクチャの生態系——情報環境はいかに設計されてきたか』NTT 出版，2008.

[4] Lessig, L., *Code: And Other Laws of Cyberspace, Version 2.0*, Basic Press, 2006（山形浩生訳『CODE VERSION 2.0』翔泳社，2007）.

[5] Cyert, R. M., March, J. G., *A Behavioral Theory of the Firm*, Prentice Hall, 1963（松田武彦・井上恒夫訳『企業の行動理論』ダイヤモンド社，1967）.

[6] Cohen, M. D., March, J. G., Olsen, J. P., "A Garbage Can Model of Organizational Choice", *Administrative Science Quarterly*, Vol. 17, No. 1, pp. 1-25, 1972.

[7] Meadows, D. H., *Limits to Growth*, University Books, 1972（大来佐武郎監訳『成長の限界——ローマ・クラブ「人類の危機」レポート』ダイヤモンド社，1972）.

［8］Carley, K. M., Prietula, J.（eds.），*Computational Organization Theory*, Lawrence-Erlbaum, 1994.

［9］Masuch, M., Warglien, M.（eds.），*Artificial Intelligence in Organization and Management Theory*, North-Holland, 1992.

［10］吉田民人「21世紀の科学——大文字の科学革命」『組織科学』Vol.32, No. 3, pp. 4-26, 1999.

［11］塩沢由典『マルクスの遺産』藤原書店, 2002.

［12］Axelrod, R., "Advancing the Art of Simulation in the Social Sciences", In R. Conte,（et al. eds.），*Simulating Social Phenomena*, pp. 21-40, Springer Verlag, 1997.

［13］Axtell, R., "Why Agents? On the Varied Motivation for Agent Computing in the Social Sciences", *Brookings Institution CSED Technical Report*, No. 17, November, 2000.

［14］塩沢由典・松井啓之・谷口和久・中島義裕・小山友介『人工市場で学ぶマーケットメカニズム——U‐Mart経済学編』共立出版, 2006.

［15］Axelrod, R., *The Complexity of Cooperation: Agent-Based Models of Competition and Collaboration*, Princeton University Press, 1997（寺野隆雄監訳『対立と協調の科学——エージェント・ベース・モデルによる複雑系の解明』ダイヤモンド社, 2003）.

［16］Axelrod, R., Cohen, M. D, *Harnessing Complexity*, The Free Press, 1999（高木晴夫監訳, 寺野隆雄訳『複雑系組織論——多様性・相互作用・淘汰のメカニズム』ダイヤモンド社, 2003）.

第3章

［1］Calhoun, Craig J.（ed.），*Robert K. Merton: Sociology of Science and Sociology as Science*, Columbia University Press, 2010.

［2］Wake, W. C., *Extreme Programming Explored*, Addison Wesley, 2001（長瀬嘉秀・今野睦監訳『XPエクストリーム・プログラミングアドベンチャー』ピアソン・エデュケーション, 2002）.

［3］伊庭崇「ペア・モデリングの原理と実践」『情報処理学会論文誌：数理モデル化と応用』Vol. 48, No. SIG 19（TOM19），pp. 75-85, 2007.

［4］David Hume, *A Treatise of Human Nature: Being an Attempt to Introduce the Experimental Method of Reasoning into Moral Subjects*（http://www.

gutenberg.org/files/4705/4705-h/4705-h.htm, Accessed on 10 October 2016).

[5] ナシーム・ニコラス・タレブ著, 望月衛訳『ブラック・スワン——不確実性とリスクの本質』ダイヤモンド社, 2009.

[6] Aki-Hiro Sato, *Applied Data-Centric Social Sciences*, Springer, 2014.

[7] Aki-Hiro Sato, Hidefumi Sawai, "Risk Assessment for a Global Air Transport System Using Socioeconomic-Technological-Environmental Databases" (2016 IEEE 40th Annual Computer Software and Applications Conference), pp. 572-581, 2016.

[8] 国土交通省航空輸送統計調査 (http://www.mlit.go.jp/k-toukei/koukuu/koukuu.html).

[9] Aki-Hiro Sato, Hidefumi Sawai, "Geographical risk assessment from tsunami run-up events based on socioeconomic-environmental data and its application to Japanese air transportation", *Procedia CIRP*, 19, pp. 27-32, 2014.

[10] FlightAware.com (http://ja.flightaware.com/).

[11] Fligtradar24.com (http://www.flightradar24.com/).

[12] OAG (http://www.oag.com/).

第4章

[1] Kermack, W. O., McKendrick, A. G., "A Contribution to the Mathematical Theory of Epidemics", *Proceedings of the Royal Society*, 115A, pp. 700-721, 1927.

[2] 佐藤總夫『自然の数理と社会の数理 II』日本評論社, 1987.

[3] 鳥海不二夫・篠田孝祐・栗原聡・榊剛史・風間一洋・野田五十樹「震災がもたらしたソーシャルメディアの変化」(日本ソフトウェア科学会ネットワークが創発する知能研究会 (JWEIN11)), pp. 41-46, 2011.

[4] 総務省『平成 23 年版情報通信白書』2011 (http://www.soumu.go.jp/johotsusintokei/whitepaper/ja/h23/pdf/index.html).

[5] The Huffington Post Japan「Twitter が国内ユーザー数を初公表「増加率は世界一」」2016.2.18 (http://www.huffingtonpost.jp/2016/02/18/twitter-japan_n_9260630.html).

第5章

[1] Schelling, T. C., "Dynamic Models of Segregation", *Journal of Mathematical*

Sociology, Vol. 1, pp. 143-186, 1971.

［2］NetLogo（https://ccl.northwestern.edu/netlogo/）.

［3］NetLogo 日本語マニュアル（http://www2.gssm.otsuka.tsukuba.ac.jp/staff/kurahasi/NetLogo-v5-ja/）.

［4］日本創成会議・人口減少問題検討分科会『成長を続ける 21 世紀のために「ストップ少子化・地方元気戦略」』2014.

［5］永井秀幸・倉橋節也「賑わいが街を変える──立ち寄り施設と都市動態モデリング」『人工知能学会論文誌』Vol. 32, No. 1, pp. D-G26_1-10, 2017.

［6］谷口綾子・高野伸栄・原文宏「かしこい車の使い方を目指したトラベル・フィードバック・プログラムの試み」『オペレーションズ・リサーチ』Vol. 48, No. 11, pp. 814-820, 2003.

［7］藤井聡・染谷祐輔「交通行動と居住地選択行動の相互依存関係に関する行動的分析」『土木計画学研究・論文集』Vol. 24, pp. 481-487, 2007.

［8］戸川卓哉・林良嗣・加藤博和「マルチエージェントアプローチによる均衡型土地利用モデルの拡張」（第 37 回土木計画学研究発表会投稿原稿），2008.

［9］谷口忠大・高橋佑輔「交通行動の居住地選択行動への影響を仮定した都市動態のマルチエージェントシミュレーション」『計測自動制御学会論文集』Vol. 47, No. 11, pp. 571-580, 2011.

［10］ジェイン・ジェイコブズ著, 山形浩生訳『アメリカ大都市の死と生』鹿島出版会, 2010.

第 6 章

［1］S. Tanaka, K. Hasegawa, N. Okamoto, R. Umegaki, S. Wang, M. Uemura, A. Okamoto, and K. Koyamada, "See-through Imaging of Laser-scanned 3D Cultural Heritage Objects based on Stochastic Rendering of Large-Scale Point Clouds", *ISPRS Ann. Photogramm. Remote Sens. Spatial Inf. Sci.*, III-5, pp. 73-80, isprs-annals-III-5-73-2016, July, 2016.

［2］田中覚「3 次元計測データのための正しい奥行き感を持った透視可視化」『THE JOURNAL OF SURVEY 測量』Vol. 66, No. 5, pp. 30-31, May, 2016.

［3］八村広三郎・田中覚・西浦敬信・田中弘美「文化遺産の記録と再現──「コト」のディジタルアーカイブの実現に向けて──」『電子情報通信学会誌』Vol. 99, No. 4, pp. 287-294, 2016.

あとがき

[1] Dawkins, R., *The Selfish Gene*, Oxford University Press, 1976（日高敏隆訳『利己的な遺伝子』紀伊國屋書店，1991）.

[2] Mead, G. H., "The Social Self", *The Journal of Philosophy, Psychology, and Scientific Methods*, 1913（船津衛・徳川直人編訳『社会的自我』恒星社厚生閣，1991）.

[3] Goffman, Erving, *The Presentation of Self in Everyday Life*, 1959（石黒毅訳『行為と演技——日常生活における自己呈示』誠信書房，1974）.

[4] 遠藤薫「役割演技と役割創造」『信州大学人文学部紀要』No.30, pp. 47-64, 1995.

[5] 遠藤薫「ゲームの規範——TRPG の観察を通して」『シミュレーション＆ゲーミング』Vol. 10, No. 2, pp. 87-102, 2000.

索 引

英数字

3 次元計測　84
3 次元文化財　83
ABM（Agent-Based Modeling）　19
Fortran プログラム　21
Infectious → SIR モデル　52
ISPRS コングレス　84
KISS（Keep It Simple, Stupid!）原理　28, 29
NetLogo　72
PDCA サイクル　39, 40, 42
Recovered → SIR モデル　52
SIR モデル　52
SNS　50
Susceptible → SIR モデル　52
Twitter　49
UAV（Unmanned Aerial Vehicle）　84
U-Mart　27
WebAPI　42

あ

アーキテクチャ　18
アクティブユーザー　66

一般的信頼　10
因果関係　36
因果構造の記述　36
インターネット　22, 50
インフルエンザ　51

ウイルスの蔓延　51

エージェント　19, 20
エージェント・ベース・モデリング（ABM）　19
エージェントベース都市動態モデル　77
演繹　24

大文字の第 2 次科学革命　23

か

解釈ステップ → PDCA サイクル　40
蓋然性　37
海洋国家　41
海洋国家戦略　41
学際的　28
確率的ポイント・レンダリング　88
可視化　83
環境問題　1
感染症対策　22
感染率　52

記号情報とプログラム　23
記述的モデル　35, 36
帰納　24
帰納の問題　38
規範的モデル　35, 36
旧中島家住宅　90
共変関係　36, 37

金融工学　17
金融市場　22
近隣類似度　74

繰り返し囚人のジレンマゲーム　26

ゲーミング（ゲーム）・シミュレーション
　11
限定合理的なエージェント　25

航空国家　41
航空国家戦略　41
航空法　42
コーディング　36
コード　18
互助組織　14
コスモ石油デマ　57
コト　91
コンパクトシティ　76

┃さ

時間的先行性　36, 37
指数関数的変化　52
システム・ダイナミクス　2
自然の斉一性原理　37, 38
持続可能な社会　2, 3
しっぺ返し　9
支配組織　14
シミュレーション　19, 35, 36
シミュレート　33
社会科学　28
社会科学的マルチエージェントモデル　70
社会学の根本問題　15
社会現象　17
社会の斉一性原理　38
写真計測　84
囚人のジレンマ　5, 8, 11
循環的な因果関係　38
仕様　34

商用データ　40, 44
事例分析　17
人工物　18
人文科学　28
信頼性　48

瑞巌寺　94
スケールフリー・ネットワーク　28, 61

斉一性　34, 38
正規分布　60
成長の限界　2, 22
政府統計オープンデータ　44
設計科学　23
節電に関するデマ　62
説明可能性　36
鮮度　63

組織の意思決定行動　21

┃た

第一原理　19
第1次科学革命　30
第三の方法　23
第三モードの科学研究法　24
タイムテーブルデータ　44, 45
大陸国家　41
大陸国家戦略　41
タカ・ハトモデル　6
多人数囚人のジレンマ　6

チェーンメール　50
知的財産権　22
中心市街地　76
直観　25

データ獲得ステップ → PDCA サイクル　39
データ駆動型　42
データ検証　48

データ収集ステップ → PDCA サイクル　39
データ分析　33
データ分析ステップ → PDCA サイクル　40
デプス・ソート　85
デマ　50

統計法　42
透視可視化　83
都市モデル　77
ドライバ　36

な

ナビゲータ　36

賑わい　79
認識科学　23

ネットメディア　50
ネットワーク分析　42

は

八幡山　92

東日本大震災　54
ヒストグラム　46
非線形的　28
ビッグデータ　41

フォロワー　55
不寛容度　73
複雑系を活かす　31
不幸の手紙　50
物質エネルギーと法則　23
船鉾　91
ブラック・スワン　38
分居の動学モデル　71

ペア・プログラミング　36
べき分布　60

ポイント・クラウド　84

ま

マクロ　19
マルチエージェントモデル開発環境　72

ミクロ　19
ミクロ・マクロ・リンク　21, 28
ミクロ・マクロ間の相互作用　19
貢ぎ物モデル　13

メカニズム　34
メゾ・スケール　23

モデル　34
モノ　91

や・ら

山鉾巡行　91

リツイート　55
両対数プロット　46

レーザ計測　84

ローマクラブ　2, 22
ロールモデル　35

人名

アナトール・ラパポート（Anatol Rapoport）
　9
伊庭崇　36
カール・マンハイム（Karl Mannheim）　14
ギャレット・ハーディン（Garrett Hardin）
　3
ジェイン・ジェイコブズ（Jane B. Jacobs）
　79
ジェームズ・マーチ（James G. March）
　21

塩沢由典　24
清水幾太郎　14
ジョン・メイナード-スミス（John Maynard Smith）　6
デイヴィッド・ヒューム（David Hume）　36
トーマス・シェリング（Thomas C. Schelling）　6, 70
トマス・ホッブズ（Thomas Hobbes）　15
広瀬幸雄　11
マイケル・コーエン（Michael D. Cohen）　22

山岸俊男　10
吉田民人　23
リチャード・サイアート（Richard M. Cyert）　21
ローレンス・レッシグ（Lawrence Lessig）　18
ロバート・アクステル（Robert Axtell）　25
ロバート・アクセルロッド（Robert M. Axelrod）　8, 13, 24, 26, 28
ロバート・マートン（Robert K. Merton）　35

編著者紹介

編者

横断型基幹科学技術研究団体連合
横幹〈知の統合〉シリーズ編集委員会

編集顧問	**吉川 弘之**	横幹連合名誉会長（2008 ～）.
		国立研究開発法人科学技術振興機構特別顧問（2015 ～）.
	木村 英紀	横幹連合元会長（2009 ～ 2013）.
		早稲田大学理工学術院招聘研究教授（2014 ～）.
	出口 光一郎	横幹連合元会長（2011 ～ 2016）.
		東北大学名誉教授（2014 ～）.
	鈴木 久敏	横幹連合会長（2016 ～）.
		大学共同利用機関法人情報・システム研究機構監事（2015 ～）.
編集委員会 委員長	**遠藤 薫**	横幹連合元副会長（2013 ～ 2017），理事（2013 ～）.
		学習院大学法学部教授（2003～）.
編集委員会 委員	**安岡 善文**	横幹連合元副会長（2010 ～ 2013），監事（2013 ～）.
		科学技術振興機構 SATREPS（地球規模課題対応研究プログラム）研究主幹（2011 ～），国際環境研究協会環境研究総合推進費等研究主監（2015 ～）.
	舩橋 誠壽	横幹連合副会長（2015 ～）.
		国際環境研究協会 CO_2 排出削減対策強化誘導型技術開発・実証事業プログラムオフィサー（2017 ～）.
	本多 敏	横幹連合理事（2015 ～）.
		慶應義塾大学理工学部教授（1998 ～）.

吉川 弘之（よしかわ・ひろゆき）［編集顧問］

横幹連合	会長（2003 ～ 2007），名誉会長（2008 ～）．
所属学会	精密工学会 元会長．
最終学歴	東京大学工学部精密工学科卒業（1956），工学博士（1964）．
職　　歴	三菱造船入社（1956），株式会社科学研究所（現 理化学研究所）入所（1956），東京大学工学部助教授（1966），英国バーミンガム大学客員研究員（1967），東京大学学長補佐（1971），ノルウェー国立工科大学客員教授（1977），東京大学工学部教授（1978），同評議員（1987），同工学部長（1989），同学長特別補佐（1991），同総長（1993），文部省学術国際局学術顧問（1997），日本学術会議会長（1997），日本学術振興会会長（1997），放送大学長（1998），国際科学会議会長（1999），独立行政法人産業技術総合研究所理事長（2001），独立行政法人科学技術振興機構研究開発戦略センターセンター長（2009），日本学士院会員（2014）．
現　　在	国立研究開発法人科学技術振興機構特別顧問（2015 ～）．
主な著書	『信頼性工学』（コロナ社，1979），『ロボットと人間』（日本放送出版協会，1985），『テクノグローブ』（工業調査会，1996），『テクノロジーと教育のゆくえ』（岩波書店，2001），『科学者の新しい役割』（岩波書店，2002），『本格研究』（東京大学出版会，2009）．

木村 英紀（きむら・ひでのり）［編集顧問］

横幹連合	副会長（2005 ～ 2009），会長（2009 ～ 2013）．
所属学会	計測自動制御学会 元会長．
最終学歴	東京大学工学系大学院博士課程（1970），工学博士．
職　　歴	大阪大学基礎工学部助手，助教授（1970 ～ 1986），同工学部教授（1986 ～ 1995），東京大学工学部教授（1995 ～ 2000），同新領域創成科学研究科教授（2000 ～ 2004），理化学研究所バイオミメティックコントロール研究センター生物制御研究室長（2002 ～ 2009），同 BSI 理研トヨタ連携センター長（2009 ～ 2013），科学技術振興機構研究開発戦略センター上席フェロー（2009 ～ 2015）．
現　　在	早稲田大学理工学術院招聘研究教授（2014 ～）．
主な著書	『ロバスト制御』（コロナ社，2000），『制御工学の考え方』（講談社ブルーバックス，2002），『ものつくり敗戦』（日本経済新聞出版社，2009），『世界を制する技術思考』（講談社，2015）．

出口 光一郎（でぐち・こういちろう）［編集顧問］

横幹連合	理事（2003 〜 2010），会長（2011 〜 2016）．
所属学会	計測自動制御学会，情報処理学会，電子情報通信学会，日本ロボット学会，形の科学会，IEEE．
最終学歴	東京大学大学院工学系研究科修士課程修了（1976），工学博士．
職　歴	東京大学工学部助手，講師，山形大学工学部助教授（1976 〜），東京大学工学部計数工学科助教授（1988），東北大学情報科学研究科教授（1999）．
現　在	東北大学名誉教授（2014 〜）．
主な著書	『コンピュータビジョン』（丸善，1989），『画像と空間——コンピュータビジョンの幾何学』（昭晃堂，1991），『ロボットビジョンの基礎』（コロナ社，2000），『画像認識論講義』（昭晃堂，2002），『Mathematics of Shape Description: A Morphological Approach to Image Processing and Computer Graphics』（John Wiley & Sons，2008），『センシングのための情報と数理』（共著，コロナ社，2008）．

鈴木 久敏（すずき・ひさとし）［編集顧問］

横幹連合	理事（2004 〜 2007，2015 〜 2016），副会長（2008 〜 2009，2013 〜 2014），監事（2010），会長（2016 〜）．
所属学会	日本オペレーションズ・リサーチ学会 元理事，日本経営工学会 元副会長．
最終学歴	東京工業大学大学院（1976）．
職　歴	東京工業大学助手（1976 〜 1988），筑波大学助教授，教授，研究科長，理事・副学長（2009 〜 2013），独立行政法人科学技術振興機構研究開発戦略センター特任フェロー，フェロー（2013 〜 2015）．
現　在	大学共同利用機関法人情報・システム研究機構監事（2015 〜）．
主な著書	『整数計画法と組合せ最適化』（編著，日科技連出版社，1982），『オペレーションズ・リサーチ I』（共著，朝倉書店，1991），『ビジネス数理への誘い』（共著，朝倉書店，2003），『マーケティング・経営戦略の数理』（共著，朝倉書店，2009）．

遠藤 薫（えんどう・かおる）［編集委員会委員長］

横幹連合	副会長（2013 〜 2017），理事（2007 〜 2009，2013 〜）．
所属学会	社会情報学会 評議員（元副会長，日本社会情報学会元会長），シミュレーション＆ゲーミング学会，感性工学会，日本社会学会 理事，数理社会学会 副会長．
最終学歴	東京工業大学大学院理工学研究科博士後期課程修了（1993），博士（学術）．
職　歴	信州大学人文学部助教授（1993 〜 1996），東京工業大学大学院社会理工学研究科助教授（1996 〜 2003）．

現　在	学習院大学法学部教授（2003 ～）.
主な著書	『ロボットと生きる明日』（岩波書店，近刊），『ソーシャルメディアと公共性』（編，東京大学出版会，近刊），『Reconstruction of the Public Sphere in the Socially Mediated Age』（編，Springer，近刊），『社会理論の復興』（共編，ミネルヴァ書房，2016），『ソーシャルメディアと〈世論〉形成』（編著，東京電機大学出版局，2016），『間メディア社会の〈ジャーナリズム〉』（編著，同，2014），『グローバリゼーションと社会学』（共編著，ミネルヴァ書房，2013），『廃墟で歌う天使』（現代書館，2013），『メディアは大震災・原発事故をどう語ったか』（東京電機大学出版局，2012），『大震災後の社会学』（編著，講談社，2011），ほか.

安岡　善文（やすおか・よしふみ）［編集委員会委員］

横幹連合	副会長（2010 ～ 2013），監事（2013 ～）.
所属学会	日本リモートセンシング学会 会長，日本写真測量学会，計測自動制御学会，環境科学会，米国電気電子工学会（IEEE），ほか.
最終学歴	東京大学大学院工学系研究科計数工学専攻博士課程修了（1975），工学博士.
職　歴	国立環境研究所総合解析部総合評価研究室長（1987），同社会環境システム部情報解析研究室室長（1990），同地球環境研究センター総括研究管理官（1996），東京大学生産技術研究所教授（1998），独立行政法人国立環境研究所理事（2007）.
現　在	科学技術振興機構SATREPS（地球規模課題対応研究プログラム）研究主幹（2011 ～），国際環境研究協会環境研究総合推進費等研究主監（2015 ～），ほか.

舩橋　誠壽（ふなばし・もとひさ）［編集委員会委員］

横幹連合	理事（2009 ～），事務局長（2010 ～ 2014），副会長（2015 ～）.
所属学会	計測自動制御学会 名誉会員・フェロー，電気学会 終身会員・フェロー，日本知能情報ファジィ学会 名誉会員.
最終学歴	京都大学大学院工学研究科数理工学専攻修士課程修了（1969），京都大学工学博士（1990）.
職　歴	株式会社日立製作所（1969 ～ 2010），中央研究所，システム開発研究所で研究員，主任研究員，主管研究員，主管研究長等を歴任，京都大学大学院情報学研究科数理工学専攻応用数理モデル分野客員教授（2003 ～ 2008），独立行政法人国立環境研究所監事（2007 ～ 2011），北陸先端科学技術大学院大学知識科学研究科シニアプロフェッサー（2012 ～ 2017）.
現　在	国際環境研究協会CO_2排出削減対策強化誘導型技術開発・実証事業プログラムオフィサー（2017 ～）.

主な著書 『ニューロコンピューティング入門』（オーム社，1992），『システム制御のための知的情報処理』（共著，朝倉書店，1999），『ネットベースアプリケーション』（編著，裳華房，2002），『横断型科学技術とサービスイノベーション』（共編著，近代科学社，2010）.

本多 敏（ほんだ・さとし）［編集委員会委員］

横幹連合 理事（2006 ～ 2009，2015 ～）.

所属学会 公益社団法人計測自動制御学会 元理事・元会長，日本応用数理学会，IEEE.

最終学歴 東京大学工学部（1975）.

職 歴 東京大学工学部助手（1975 ～ 1986），東京大学工学部講師（1986），熊本大学工学部助教授（1986 ～ 1990），慶應義塾大学理工学部助教授（1990 ～ 1998）.

現 在 慶應義塾大学理工学部教授（1998 ～）.

主な著書 『Mn'M Workbook 3: Future Urban Intensities』（編著，flick studio, 2014），『センシングのための情報と数理』（共著，コロナ社，2008），『計測工学ハンドブック』（共著，朝倉書店，2001）.

著者（執筆順）

遠藤 薫（えんどう・かおる）［はじめに，第1章，あとがき］
横幹連合　副会長（2013～2017），理事（2007～2009，2013～）.
所属学会　社会情報学会 評議員（元副会長，日本社会情報学会元会長），シミュレーション＆ゲーミング学会，感性工学会，日本社会学会 理事，数理社会学会 副会長.
最終学歴　東京工業大学大学院理工学研究科博士後期課程修了（1993），博士（学術）.
職　歴　信州大学人文学部助教授（1993～1996），東京工業大学大学院社会理工学研究科助教授（1996～2003）.
現　在　学習院大学法学部教授（2003～）.
主な著書　『ロボットと生きる明日』（岩波書店，近刊），『ソーシャルメディアと公共性』（編，東京大学出版会，近刊），『Reconstruction of the Public Sphere in the Socially Mediated Age』（編，Springer，近刊），『社会理論の復興』（共編，ミネルヴァ書房，2016），『ソーシャルメディアと〈世論〉形成』（編著，東京電機大学出版局，2016），『間メディア社会の〈ジャーナリズム〉』（編著，同，2014），『グローバリゼーションと社会学』（共編著，ミネルヴァ書房，2013），『廃墟で歌う天使』（現代書館，2013），『メディアは大震災・原発事故をどう語ったか』（東京電機大学出版局，2012），『大震災後の社会学』（編著，講談社，2011），ほか.

寺野 隆雄（てらの・たかお）［第2章］
横幹連合　理事（2011～2013）.
所属学会　人工知能学会 ビジネスインフォマティクス研究会主査，計測自動制御学会 社会システム部会主査，日本シミュレーション＆ゲーミング学会 理事，経営情報学会，社会情報学会，日本オペレーションズリサーチ学会，プロジェクトマネジメント学会，進化経済学会，ダイレクトマーケティング学会，科学教育学会，鉄鋼協会，IEEE，ACM.
最終学歴　東京大学工学系研究科情報工学専攻修士課程修了（1978），工学博士.
職　歴　電力中央研究所（1978～1989），筑波大学講師・助教授・教授（1990～2004），同大学名誉教授（2009），JST研究開発戦略センター特任フェロー（2012～2015）.
現　在　東京工業大学情報理工学院教授（2004～）.
主な著書　『Agent-Based Approaches in Economic and Social Complex Systems VIII, VII, VI, V』（共編，Springer，2015, 2013, 2011, 2009），『Advances in Computational Social Science』（共編，Springer，2014），『Knowledge Discovery and Data Mining』（共編，Springer，2000），『Agent-Based Simulation』（共

編，Springer，2005），『Meeting the Challenge of Social Problems
via Agent-Based Simulation』（共編，Springer，2003），『New Frontiers in
Artificial Intelligence』（共編，Springer，2001），『e ビジネスの理論と応用』
（共著，東京電機大学出版局，2003），『対立と協調の科学』（監訳，ダイヤモ
ンド社，2003），『複雑系組織論』（訳，同，2003），『マルチメディア時代の
人間と社会』（共著，日科技連出版社，1995），ほか.

佐藤 彰洋（さとう・あきひろ）［第3章］

所属学会	日本統計学会，情報処理学会，システム制御情報学会，進化経済学会，電子情報通信学会，日本物理学会.
最終学歴	東北大学大学院情報科学研究科修了（2001），博士（情報科学）.
職　　歴	日本学術振興会特別研究員（2000 ～ 2001），京都大学大学院情報学研究科助手（2001 ～ 2007）.
現　　在	京都大学大学院情報学研究科助教（2007 ～），キヤノングローバル戦略研究所研究員（2015 ～），科学技術振興機構さきがけ研究員（2015 ～），ISO TC69 国内対策委員（2015 ～）.
主な著書	『金融市場の高頻度データ分析』（共著，朝倉書店，2016），『Applied Data-Centric Social Sciences』（Springer，2014）.

栗原 聡（くりはら・さとし）［第4章］

所属学会	人工知能学会，電子情報通信学会，情報処理学会，人間情報学会，日本ソフトウェア科学会 ネットワークが創発する知能研究会主査，ACM.
最終学歴	慶應義塾大学大学院理工学研究科計算機科学専攻修了（1992），博士（工学）.
職　　歴	日本電信電話株式会社（NTT）基礎研究所情報科学研究部（1992），同研究所研究主任（1997），慶應義塾大学大学院政策・メディア研究科専任講師（1999 ～ 2002），大阪大学産業科学研究所知能システム科学研究部門／大学院情報科学研究科情報数理学専攻助教授（2004），同准教授（2007）.
現　　在	電気通信大学大学院情報理工学研究科教授（2013 ～），同大学人工知能先端研究センターセンター長（2016 ～），慶應義塾大学環境情報学部非常勤講師（2002 ～），株式会社ドワンゴ人工知能研究所客員研究員（2014 ～），大阪大学産業科学研究所招聘教授（2013 ～）.
主な著書	『人工知能とは』（共著，近代科学社，2016），『群知能とデータマイニング』（共訳，東京電機大学出版局，2012），『スモールワールド』（共訳，同，2006），『社会基盤としての情報通信』（共著，共立出版，2000）.

倉橋 節也（くらはし・せつや）［第 5 章］

横幹連合	人工社会調査研究委員会主査（2010 ～ 2013），理事（2014）．
所属学会	人工知能学会 理事・編集委員，計測自動制御学会 システム・情報部門長，IEEE SMC Japan Vice Chair.
最終学歴	筑波大学大学院経営・政策科学研究科企業科学専攻修了（2002），博士（システムズ・マネジメント）．
職　　歴	東京電機産業株式会社（1981），筑波大学大学院ビジネス科学研究科助教授（2006），同大学大学院ビジネス科学研究科准教授（名称変更）（2007）．
現　　在	筑波大学大学院ビジネス科学研究科教授（2016 ～）．
主な著書	『シミュレーション辞典』（共著，コロナ社，2012），『OR 事典 2000』（共著，日本オペレーションズ・リサーチ学会，2007），『OPC 実践ガイド』（共著，工業技術社，2005）．

田中 覚（たなか・さとし）［第 6 章］

横幹連合	理事（2016 ～）．
所属学会	可視化情報学会 副会長，日本シミュレーション学会 理事（元会長），アジアシミュレーション学会連合 理事（元会長，フェロー），日本工学会 フェロー，電子情報通信学会，情報処理学会，日本バーチャルリアリティ学会，日本応用数理学会，日本物理学会，芸術科学会，Eurographics Association.
最終学歴	早稲田大学大学院理工学研究科博士後期課程物理学及応用物理学専攻修了（1987），理学博士．
職　　歴	早稲田大学理工学部助手（1988 ～ 1991），福井大学助手・講師・助教授（1992 ～ 2002），立命館大学理工学部教授（2002 ～ 2004）．
現　　在	立命館大学情報理工学部教授（2004 ～）．
主な著書	『シミュレーション辞典』（共著，コロナ社，2012），『京都の歴史 GIS』（共編，ナカニシヤ出版，2011），『バーチャル京都』（共著，ナカニシヤ出版，2007）．

【横幹〈知の統合〉シリーズ】

社会シミュレーション 世界を「見える化」する

2017年9月20日 第1版1刷発行　　　ISBN 978-4-501-63070-6 C3000

編　者　横幹〈知の統合〉シリーズ編集委員会
著　者　遠藤薫・寺野隆雄・佐藤彰洋・栗原聡・倉橋節也・田中覚
　　　　©TraFST "Knowledge Integration" Series Editorial Board,
　　　　Endo Kaoru, Terano Takao, Sato Aki-Hiro, Kurihara Satoshi,
　　　　Kurahashi Setsuya, Tanaka Satoshi 2017

発行所　学校法人 東京電機大学　〒120-8551　東京都足立区千住旭町5番
　　　　東京電機大学出版局　　〒101-0047　東京都千代田区内神田1-14-8
　　　　　　　　　　　　　　　Tel. 03-5280-3433(営業) 03-5280-3422(編集)
　　　　　　　　　　　　　　　Fax. 03-5280-3563 振替口座 00160-5-71715
　　　　　　　　　　　　　　　http://www.tdupress.jp/

JCOPY ＜(社)出版者著作権管理機構 委託出版物＞
本書の全部または一部を無断で複写複製（コピーおよび電子化を含む）すること
は，著作権法上での例外を除いて禁じられています。本書からの複製を希望され
る場合は，そのつど事前に，(社)出版者著作権管理機構の許諾を得てください。
また，本書を代行業者等の第三者に依頼してスキャンやデジタル化をすることは
たとえ個人や家庭内での利用であっても，いっさい認められておりません。
［連絡先］Tel. 03-3513-6969, Fax. 03-3513-6979, E-mail：info@jcopy.or.jp

組版：徳保企画　　印刷：(株)加藤文明社　　製本：誠製本(株)
装丁：小口翔平＋岩永香穂（tobufune）
落丁・乱丁本はお取り替えいたします。　　　　　　　　　Printed in Japan